El Dilema de los Adanes

El Dilema de los Adanes

PASTOR CONRAD DE LA TORRES

ARPress
ILLUMINATING IDEAS
EMPOWERING VOICES

ARPress

45 Dan Road Suite 5
Canton MA 02021

Línea directa: 1(888) 821-0229
Número de fax: 1(508) 545-7580

Información de pedido:

Cantidad de ventas. Hay descuentos especiales disponibles en compras de cantidades por parte de corporaciones, asociaciones y otros. Para obtener más información, póngase en contacto con el editor en la dirección anterior.

Impreso en los Estados Unidos de América.

ISBN-13:	Tapa blanda	979-8-89330-076-5
	Libro electrónico	979-8-89330-078-9
	Tapa dura	979-8-89330-077-2

Número de control de la Biblioteca del Congreso: 2024901476

CONTENIDO

ADELANTE

Es con gran placer que escribo esto al primer libro de mi pastor. He leído el libro dos veces y lo he disfrutado las dos veces. Me siento profundamente honrado de que de muchos posibles candidatos para escribir esto adelante, mi amigo y pastor, Conrad De La Torres, me eligió. Ha habido pocos hombres en mis sesenta años a quienes he considerado mi amigo. Fuera de mi padre, este es el único otro hombre en el mundo en el que confiaría mi vida. Este libro fue esperado con impaciencia por muchos que conocen al pastor De La Torres. Me siento bendecido de estar bajo la enseñanza de este hombre. Sólo hay unos pocos hombres de Dios que son grandes predicadores, pero aún menos que también son grandes maestros. Bueno, aquí hay un hombre de Dios que es un excelente predicador, maestro, siervo y, en la tradición de Pedro, un pescador tanto del hombre como de los peces. Este libro es de gran valor para todos, independientemente de su nivel espiritual: el cristiano maduro; lo Nuevo en Cristo; y lo más importante, para llevar al no creyente a Christ.In los más de diez años en los que Conrado ha sido mi pastor, he visto a Dios usarlo poderosamente en la obra de Su reino. Ha habido casos en los que ha compartido el Evangelio con personas que conocí. Me he preguntado si algunos habían pensado que yo le había revelado cosas sobre ellos. Su impulso, dedicación y pasión por el Evangelio de nuestro Señor, Jesucristo, es inspirador. Es por eso que su primer libro tiene tanto peso para mí. Este no es alguien que te enseña desde el conocimiento mental. Este es un hombre enseñándote cosas que Dios le enseñó, (como leerás) en el horno ardiente, cuando no tenía nada más que Dios.Espero que una vez que leas este libro, te muevas a compartirlo con toda tu familia y amigos. Si te preocupas por su bienestar espiritual, independientemente de su nivel, estarán bien servidos por las enseñanzas de este libro. Realmente espero que mi amigo y pastor escriba muchos más libros como este. Siempre habrá al menos dos copias en mi biblioteca. Uno para apreciar y otro para compartir.

Silvio González

Empresario jubilado.

Agricultor actual

Autor "QUE HAYA LUZ"

RECONOCIMIENTOS

Primero, quiero agradecer a mi Señor y Salvador, Jesucristo, sin quien no tengo esperanza del cielo, y no sé cómo lo habría hecho en la Tierra. Soy una imagen viva del Hijo Pródigo. Sin embargo, Dios, en Su misericordia, no sólo me ha salvado, sino que me ha permitido servirle. ¡Uau! ¿Quién lo hubiera adivinado?

También me gustaría agradecer a mi hermano en Cristo Jeff Friend por su ayuda en la edición de este libro. Que el Señor continúe usando sus dones para bendecir a muchos.

Dedicación

Dedico este libro a mi hermosa esposa, Patricia, quien ha sido la compañera y animadora de mi vida, todo mientras criaba a dos niños pequeños mientras cumplía seis años en prisión. Doy gracias a Dios por su fuerza y sabiduría que sólo puede venir de Él. También se lo dedico a mi hija, Monique, y a mi hijo, Conrad, que tuvieron que soportar crecer sin padre durante seis años. Doy gracias a Dios por el increíble hombre y mujer que han resultado ser. Monique y su esposo, Steve, nos han bendecido con tres nietos: Mia, Drew y Logan. Conrad y su esposa, Stephanie, tienen un hijo, Dominic. Que el Señor permita que la semilla de Su Palabra produzca fruto en sus vidas para siempre.

También me gustaría agradecer a mis otros miembros de la familia y a mi familia cristiana en Fusion Church en Homestead, Florida. No mencionaré todos sus nombres porque hay demasiados para enumerar. Lo último que me gustaría hacer es entristecer a cualquiera de estos preciosos miembros de la familia y de la iglesia dejando sus nombres fuera. Gracias por su fidelidad y servicio. Gracias por seguir con Patty y conmigo y estar ahí para nosotros en los buenos y malos momentos. Gracias por su amor y apoyo. Estoy emocionado de ver lo que el Señor tiene reservado para nosotros en el futuro.

INTRODUCCIÓN

Nací en Cuba, el segundo de seis hermanos nacidos de Conrado y Fidelina De La Torres. Tengo tres hermanas , Carrie, Marianna y Bárbara, y dos hermanos, Jesús y Ángel. Vivíamos en la Playa de Guanabo, una hermosa playa en el este de Cuba, hasta nuestra fuga en 1963.

Recuerdo haber jugado en las trincheras que los soldados cubanos (Milicianos) habían construido en la playa en preparación para una invasión de los Estados Unidos.

Mi padre había estado involucrado en actividades anticastristas y, en consecuencia, era buscado por el régimen de Castro. Lo habrían puesto frente a un pelotón de fusilamiento si lo hubieran encontrado. Había servido en la Marina durante el gobierno de Batista.

Mi padre capitaneaba un barco para un hombre rico que planeaba escapar de Cuba con su familia. Le ofreció a mi padre una salida. El hombre prometió un pasaje a Estados Unidos para mi padre y nuestra familia si mi padre capitaneaba el barco para llegar allí.

Tenía siete años y los pocos recuerdos que han quedado parpadean dentro y fuera de mi mente y luego se evaporan como un sueño. Recuerdo que mi padre tenía una pequeña tienda llamada ciosco.

Una cosa que nunca olvidaré es la noche en que escapamos. Había mucha prisa y carreras. Mi madre estaba tratando de arrear a sus seis hijos pequeños de edades comprendidas entre los 10 años y los pocos meses. Mi madre debe haber estado tan asustada. Recuerdo haber atravesado el bosque y que me dijeran repetidamente que me callara porque los milicianos aparentemente habían sido informados de nuestra fuga y nos estaban buscando.

Cuando pensamos que los hombres se habían ido, finalmente nos dirigimos al bote y nos reunimos con el hombre y su familia. Despegamos en medio de la noche y nos dirigíamos a los Estados Unidos de América.

Durante la agitación y la angustia, sucedió algo impensable que casi causó la desaparición de todos a bordo. La persona responsable de las provisiones de supervivencia había dejado todo en tierra. Había 23 personas en un bote de 23 pies sin comida ni agua. Estoy seguro de que había al menos 6 niños. Después de tres días angustiosos, llegamos a un muelle privado en Marathon, Florida. ¡Nunca he dejado de agradecer a Dios por ayudarnos a superar eso!

Ojalá mi padre y mi madre estuvieran vivos para ver este libro. Mientras escribo *El dilema de los Adanes,* solo puedo imaginar el increíble dilema que tuvieron que enfrentar cuando tuvieron que elegir entre quedarse en Cuba y que nuestra familia viviera en un país comunista oprimido o arriesgar todas nuestras vidas en el mar.

Doy gracias a Dios por darles el coraje y la determinación de arriesgarse a elegir la libertad. Doy gracias a Dios, Él nos permitió venir al país más grande sobre la faz de la tierra: ¡AMÉRICA!

Amados, todos experimentamos grandes dilemas, momentos en los que nos vemos obligados a tomar decisiones que podrían ir en una dirección u otra, ninguna de las cuales es buena. Incluso momentos en que nos enfrentamos a decisiones que podrían tener graves consecuencias, incluso ramificaciones eternas. En este libro, leerás acerca de los mayores dilemas que jamás se hayan experimentado en esta tierra, y con la mayor de las ramificaciones eternas.

Que el Señor use este libro para enseñarnos cómo manejar los dilemas en nuestras vidas y para entender con mayor profundidad *El dilema de los Adanes.*

Humildemente les pido que por favor se detengan ahora por un momento y oren para que el Señor revele no solo Su corazón, sino mi corazón a ustedes mientras leen.

Capítulo I

La Biblia

Amados, ¿me creerías cuando te digo que la Biblia, si la tomas en su forma más simple, trata sobre dos hombres, en dos jardines, enamorados de dos mujeres, enfrentando dos dilemas y teniendo que tomar dos decisiones?

¡El pecado los mató a ambos! El pecado mató al primer Adán en desobediencia, y el pecado mató al último Adán en obediencia.

La Biblia - Basic Instructions Before Leaving Earth. Recuerdo la primera vez que leí o escuché eso. Le dije: "¡Guau, qué cierto! El manual del dueño del ser humano".

Durante un tiempo, trabajé como vendedor de automóviles en un concesionario Toyota en Homestead, Florida. Una de las primeras cosas que me dijeron es que NUNCA entregue un automóvil sin un manual del propietario. Más tarde llegué a entender por qué. No puedo decirte la cantidad de veces que me he encontrado buscando en la guantera y buscando el manual del propietario para ayudarme a saber dónde estaba algo o cómo trabajar algo en mi automóvil o camión.

De la misma manera, podemos ir a la Biblia y encontrar la respuesta a todas y cada una de las preguntas. No solo respuestas, sino la guía que necesitamos a medida que avanzamos en la vida. Y lo más importante, cómo recibir y prepararse para la vida después de la muerte. Casi iba a escribir cómo prepararme para la vida eterna, pero me detuve porque hay una gran idea errónea sobre la palabra *"eterno"*.

Lo que la mayoría de la gente no parece saber o entender es que todos somos seres eternos. Fuimos creados a imagen de Dios en el sentido de que somos eternos. En otras palabras, nuestros espíritus nunca dejarán de existir.

Recibir a Jesús como tu Salvador no determina si vives para siempre o no. Vivirás para siempre en un lugar u otro. Recibir a Jesús como Salvador solo determina dónde pasarás esa eternidad. O estarás con Él en el cielo, o estarás separado para siempre de Él en un lugar que la Biblia llama infierno (Mateo 10:28).

Y no temáis a los que matan el cuerpo pero no son capaces de matar el alma, sino más bien temed a aquel que es capaz de destruir tanto el alma como el cuerpo en el infierno.

Los predicadores de Mot dudan en predicar eso más, pero es la verdad absoluta. Otra forma de decirlo es esta: si naces una vez, morirás dos veces. Si naces dos veces, morirás una vez (o nunca experimentarás la muerte física si estás atrapado en el Rapto).

Explicaré el Rapto en otro capítulo.

¡Creo con todo mi corazón que lo que algunas personas no ven es que la Biblia está VIVA!

Hay libros sobre casi todos los temas que se te ocurran, incluso libros que afirman que pueden ayudarte a cambiar no solo la forma en que piensas sino también cómo te comportas. Los libros que se jactan de que pueden ayudarte a convertirte en una mejor persona, o hacerte un mejor orador, o mostrarte cómo hacer e influir en los amigos. Libros para animarte y hacerte sentir mejor. Libros para enseñarte casi cualquier oficio o cualquier cosa que quieras aprender. O tal vez solo quieres perderte en alguna fantasía y olvidarte de la vida por un tiempo. Bueno, hay muchos libros para eso también.

Pero solo hay un libro que puede transformarte. Y eso, amigo mío, es la Biblia, la Palabra Viva de Dios. Entrará en ti como una katana espiritual invisible y te cortará a lo rápido y te revelará a ti mismo: ¡está VIVO!

¡Y nada nos asusta más que nosotros!

La Biblia te mostrará algunas cosas sobre ti mismo que nunca supiste. Y una vez dentro de ti, puede sanar, reparar, cambiar, y si lo permites, incluso transformarte en un NUEVO TÚ, UN TÚ VIVO (2 Corintios 5:17).

Por lo tanto, si alguno está en Cristo, es una nueva criatura: las cosas viejas pasan; He aquí, todas las cosas se han vuelto nuevas.

Tenga en cuenta que la Biblia no es necesariamente un libro sobre teología, historia, ciencia o cualquier otro tema. De hecho, no fue escrito para explicar a Dios. Simplemente comienza con la declaración enfática: *"¡En el principio Dios!"* (Génesis 1:1).

Es un libro que Dios le dio a la humanidad revelando Su plan y propósito en el planeta Tierra. Como dije antes, es el manual del propietario del ser humano.

Dios usó diferentes hombres de diferentes tiempos, con diferentes personalidades, con diferentes antecedentes y posiciones para escribir Su Palabra. Usó reyes como David y Salomón, estadistas como Daniel y Nehemías, y sacerdotes como Esdras. Usó a Moisés, a quien Dios había colocado en el palacio de Faraón para que pudiera aprender la sabiduría de Egipto, y profetas como Isaías, Ezequiel y Zacarías.

Dios usó un pastor llamado Amós, y un recaudador de impuestos llamado Mateo. Usó a pescadores como Pedro, Juan y Santiago, e incluso a Pablo, un fariseo a quien Dios arrojó de su caballo para llamar su atención. Ah, y no olvidemos al doctor Luke.

Estos hombres escribieron desde muchos lugares diferentes. Desde el desierto del Sinaí hasta los atrios del Templo, y desde una prisión en Roma hasta la isla de Patmos en el mar Egeo.

El Espíritu de Dios los movió, y a través de ellos nos dio 66 libros, 39 en el Antiguo Testamento y 27 en el Nuevo Testamento.

Fue escrito en tres idiomas: hebreo, griego y algo de arameo, y en tres continentes diferentes.

Usted habría pensado que la Biblia habría resultado ser una sopa teológica, compilada por todos estos hombres diferentes, la mayoría de los cuales no vivieron en la misma época, y mucho menos se conocen. Pero a medida que lo lees, pronto te das cuenta de que estos libros encajan como una mano en un guante y que hay una hermosa progresión de revelación y doctrina en ellos.

Tiene iluminación azul a roja, que explicaré más adelante.

El lenguaje de la Biblia es triple: figurativo, simbólico y literal. Lo figurativo se explica por el contexto, lo simbólico ya sea en el contexto o en algún otro lugar de las Escrituras, y el resto debe tomarse literalmente.

Necesitamos tomar la Biblia literalmente hasta que se nos pida lo contrario. Necesitamos dejar que la Biblia diga lo que quiere decir sin alegorizar o espiritualizar su significado.

Escucho a la gente todo el tiempo tratando de justificar el pecado o alguna decisión equivocada en su vida diciendo: "Esto es lo que este versículo significa para mí". O "Así es como me habla". O "Así es como interpreto ese versículo".

Si bien me alegro de que al menos estén leyendo la Palabra, no solo necesitamos entender lo que estamos leyendo, necesitamos leer en contexto. Necesitamos encontrar lo que Dios quiso decir cuando lo escribió, no lo que creemos que significa. Lo que pensamos que significa no equivale a nada si no es lo que Dios quiso decir.

Uno de los errores más grandes que veo en el Cuerpo de Cristo es que tendemos a tomar cosas que fueron escritas a Israel y meterlas en la garganta de la Iglesia.

Por favor, entiéndame cuando digo que aunque toda la Biblia fue escrita para nosotros , no toda la Biblia fue escrita para nosotros.

Parte de ella está dirigida a los judíos, y se aplica a la nación de Israel y sólo a ellos. Parte está escrita para y acerca de los gentiles, y parte está escrita para y para la Iglesia, el Cuerpo de Cristo. Estas son las únicas tres clases de personas en la Tierra. Por lo tanto, en el Cuerpo de Cristo, no hay ni debe haber prejuicios.

Un judío (en hebreo, 'Yehudi') viene del nombre Judá, que era el nombre de uno de los doce hijos de Jacob. Por cierto, nuestro Señor y Salvador Jesús nació en la tribu de Judá. En Apocalipsis 5:5, Él es llamado 'el León de la tribu de Judá'... *Y uno de los ancianos me dijo: No llores: he aquí, el León de la tribu de Judá, la raíz de David, ha prevalecido para abrir el libro y soltar los siete sellos del mismo.*

El nombre original de las personas que ahora llamamos judíos era "hebreo", usado por primera vez en la Torá para describir a Abraham (Génesis 14:13).

Y vino uno que había escapado, y le dijo a Abram el hebreo; porque habitaba en la llanura de Mamre el amorreo, hermano de Escol y hermano de Aner, y estos fueron confederados con Abram.

El judaísmo es una religión, así como una raza y una cultura. Los judíos vienen de todas partes del mundo, de muchas etnias y nacionalidades diferentes.

Un gentil es cualquiera que no sea judío.

La Iglesia está formada tanto por judíos como por gentiles que han recibido a Cristo como Salvador.

No ofendáis, ni a los judíos, ni a los gentiles, ni a la iglesia de Dios (1 Corintios 10:32).

La Iglesia no se menciona en el Antiguo Testamento. El Antiguo Testamento se ocupa principalmente de la historia de una nación: Israel, los judíos.

Es interesante que nos gusta tomar las promesas escritas para y para los judíos, pero no queremos tener nada que ver con las maldiciones.

Nosotros (la Iglesia) tendemos a tomar cosas en la Biblia escritas para y para los judíos o para otros, y reclamarlas para nosotros mismos, lo que lleva a mucha doctrina errónea y confusión.

Por ejemplo, supongamos que vivimos en la misma casa. Compartimos un buzón. Un día estoy abajo cuando el cartero entrega el correo y recojo una carta, la abro y, para mi sorpresa, dice: "Acabas de ganar $ 1,000,000". Me levanto de un salto y casi me desmayo por la conmoción y la emoción.

Pero cuando miro más de cerca, el cheque se te hace a ti. Abrí su correo por error. Ahora debo decirte que aunque todavía estoy increíblemente feliz por ti e incluso puedes decidir bendecirme con algunas de tus ganancias, no puedo cobrar el cheque y gastar ese dinero. No me fue escrito; Te fue escrito.

Hay muchos ejemplos de esta mala aplicación de las Escrituras que puedo darles, pero les daré uno más del Nuevo Testamento.

En el libro de los Hechos, capítulo dieciséis, encontramos que Pablo y Silas habían sido encarcelados en Filipos (una antigua ciudad en la actual Grecia) por predicar la Palabra de Dios. El capítulo continúa diciéndonos que a medianoche oraban y cantaban alabanzas al Señor y que todos los prisioneros los escuchaban.

De repente hubo un gran terremoto que sacudió los cimientos mismos de esa prisión y abrió todas las puertas de la prisión.

El guardia de la prisión, pensando que todos los prisioneros habían escapado, lo que le habría costado la vida por permitirlo, estaba a punto de suicidarse con su espada. Pero escuchó a Pablo gritar: "¡No te hagas daño, todos estamos aquí!"

El guardia de la prisión (cuyo corazón creo que ya fue ablandado por el Espíritu Santo a través de toda la alabanza y adoración) se dio cuenta de que todos los prisioneros estaban allí, entró y cayó ante Pablo y Silas, y les preguntó cómo podía ser salvo.

Pablo le dice, y este es el versículo que quiero exponer. Este es uno de los versículos más mal utilizados y mal citados en la Biblia.

Hechos 16:31 dice: *Y ellos dijeron: Cree en el Señor Jesucristo, y serás salvo, y tu casa.*

Hace unos años, una mujer y sus hijos comenzaron a asistir a nuestra iglesia. Ella venía de lo que yo llamo "una iglesia hiper-religiosa". Por hiper-fe me refiero a una iglesia que está más interesada en los "dones" o lo que piensan que son los dones de Dios en lugar de Dios mismo, el dador de regalos. Hacen mal uso y abuso de esos dones para controlar y manipular a sus feligreses. Entonces, sabía que su mentalidad (y la mayoría de las personas que provienen de esa teología) es: "No me confundas con los hechos; Mi mente ya está decidida".

Se quedó por un tiempo, luego se mudó a una iglesia que enseñaba lo que creía y lo que le habían enseñado injustamente. No es de extrañar que el hermano Pablo tuviera que decirle a Timoteo que llegaría un momento (¡está aquí!) cuando la gente no querría escuchar la verdadera doctrina, sino que buscaría pastores y maestros que les enseñaran lo que quieren escuchar (2 Timoteo 4: 3).

Porque llegará el tiempo en que no soportarán la sana doctrina; pero después de sus propias concupiscencias se amontonarán para sí mismos maestros, teniendo picazón en los oídos;

Recientemente le estaba diciendo a uno de mis jóvenes que la mayoría de las personas que acuden a consejería no quieren consejo; Quieren confirmación. Me recordó este versículo.

Unos años más tarde me encontré con esta hermana en un gimnasio en el que trabajaba y al que asistí. Le pregunté acerca de sus hijos, y ella me dijo que se habían salido del camino de la justicia y que estaban viviendo en pecado absoluto. Pero ella dijo que fueron salvos porque Dios había prometido en Su Palabra que ella y toda su casa serían salvas.

Pasaron un par de años más y muchas conversaciones antes de que sintiera que tenía la oportunidad de explicarle ese versículo a esta hermana de una manera que ella lo entendiera y lo aceptara.

¿Están las palabras "Hoy tú y toda tu casa serán salvos" en la Biblia? ¡Sí! ¡Pero se le dijo al carcelero, no a nosotros! Y esa noche el carcelero y toda su familia fueron salvos (Hechos 16:32-33).

32 Y le hablaron la palabra del Señor, y a todos los que estaban en su casa.

33 Y los tomó a la misma hora de la noche, y lavó sus llagas; y fue bautizado, él y todos los suyos, directamente.

¡Podría escribir otro libro solo sobre los muchos versículos que sacamos de contexto y metemos en la garganta de la iglesia, llevando a muchos a alejarse de Dios y de Su iglesia porque simplemente no funcionan! Y no es que no funcionen, ¡lo hacen! Es solo que no nos fueron escritos.

La Epístola de Santiago, por ejemplo, no está dirigida a la Iglesia, sino a las doce tribus de Israel. *Santiago, siervo de Dios y del Señor Jesucristo, a las doce tribus que están dispersas en el extranjero, saludo. (Santiago 1:1).*

Pero no debemos aplicar a la Iglesia lo que no le pertenece. Hacerlo es aplicar mal las Escrituras y llevar a la confusión.

Capítulo II

LOS CIELOS PROBADOS

Alguien bien dijo: "¡Una fe que no puede ser probada es una fe en la que no se puede confiar!"

Nadie sabe cuánto tiempo hubo desde la creación de la tierra hasta la creación de Adán. La Palabra simplemente dice: *En el principio Dios creó el cielo y la tierra* (Génesis 1:1).

Llamaremos a esta vez la tierra pre-adamita.

La primera prueba que tuvo lugar ocurrió en los cielos y fue dada a un querubín con el nombre de Lucifer.

En Ezequiel 28, Ezequiel parece arrojar algo de luz sobre este tema. Parece haber un doble significado aquí. Uno pertenece al rey (gobernante humano) de Tiro que fue condenado por afirmar ser Dios. Y el otro, al que Ezequiel también se refiere es a la caída real del querubín Lucifer del cielo y, en consecuencia, ser llamado Satanás, que resultó ser el verdadero poder detrás del rey de Tiro.

(Ezequiel 28:11-12).

[11]Además vino a mí la palabra del SEÑOR, diciendo:b 12 Hijo de hombre, lamenta al rey de Tiro, y dile: Así dice Jehová DIOS; Tú sellas la suma, llena de sabiduría y perfecta en belleza.

¿Captaste la frase en el versículo 12? *"El sello"* o *"la suma"* de toda belleza y perfección. No creo que los simples mortales como nosotros puedan ahora, ni lo haremos nunca, realmente entender esto hasta el día en que seamos traducidos a la perfección nosotros mismos y sepamos como somos conocidos.

Me gusta visualizarlo de esta manera: ¡*"la suma"* de toda belleza y perfección! Tome un vaso de agua y llénelo hasta el borde hasta donde no quepa ni una gota más en la taza, esa es la suma. En otras palabras, por favor trate de entender esto, Lucifer no podría haber sido más hermoso. ¡No podría haber sido más perfecto! Creo que era tan hermoso que su belleza hizo que los otros seres alabaran a Dios, al igual que lo hacemos aquí en la Tierra cuando contemplamos una hermosa puesta de sol, una flor o cualquiera de las increíbles creaciones de Dios.

Ezequiel nos dice que a Lucifer se le dio el Jardín del Edén y que las piedras preciosas eran su cobertura.

Tú has estado en el Edén, el jardín de Dios; Cada piedra preciosa era tu cubierta, el sardo, el topacio y el diamante, el berilo, el ónix y el jaspe, el zafiro, la esmeralda y el carbunclo, y el oro: la mano de obra de tus tabretes y de tus pipas fue preparada en ti en el día en que fuiste creado. (Ezequiel 28:13)

Estabas en el jardín en 'EDEN'. Aparentemente, a Lucifer se le dio el Jardín del Edén para gobernar antes de que Adán fuera formado.

Creo que incluso podría haber supervisado una raza pre-adamita, no creada (si existieran) a imagen de Dios.

Ezequiel continúa diciendo que Lucifer caminó de un lado a otro en la Santa Montaña de Dios, en medio de las piedras de fuego. *[14] Tú eres el querubín ungido que cubre; y yo te he puesto así: estuviste sobre el santo monte de Dios; has caminado arriba y abajo en medio de las piedras de fuego. 15 Fuiste perfecto en tus caminos desde el día en que fuiste creado, hasta que la iniquidad fue hallada en ti.*

Te sugiero que Lucifer fue la primera criatura en ir en contra de su propio carácter. Nos ocuparemos de eso un poco más tarde.

Isaías parece arrojar algo de luz sobre lo que pudo haber sucedido cuando escribió, hablando de esta increíble criatura llamada Lucifer, (que por cierto significa Hijo de la Mañana, Brillante, Portador de Luz o Estrella de la Mañana):

12 ¡Cómo has caído del cielo, oh Lucifer, hijo de la mañana! ¡Cómo has cortado hasta la tierra, lo que debilitó a las naciones!

13 Porque has dicho en tu corazón: Subiré al cielo, exaltaré mi trono sobre las estrellas de Dios; Me sentaré también en el monte de la congregación, en los lados del norte:

14 Ascenderé por encima de las alturas de las nubes; Seré como el Altísimo. (Isaiah 14:12-14).

¿Alguna vez te has detenido a preguntarte: "¿Cómo pecó esta criatura PERFECTA, creada por un Dios Perfecto y en un mundo PERFECTO? ¿Cómo entró el pecado?"

Bueno, ¡nació en él!

Su naturaleza era perfecta. Acabamos de leerlo, pero vamos a leerlo de nuevo. *Fuiste perfecto en tus caminos desde el día en que fuiste creado, hasta que la iniquidad fue encontrada en ti.* (Ezequiel 28:15).

¡El pecado fue literalmente NACIDO en él!

Así es como creo que sucedió... Probablemente hay millones y millones de ángeles en el cielo, y es probablemente lo mismo para cualquier otra criatura que Dios creó.

Los astrónomos nos dicen que hay 200 mil millones de estrellas solo en nuestra galaxia, la Vía Láctea. Y no solo eso, sino que nuestra galaxia también es una de las 27 galaxias que abarcan 3 millones de años luz. Esto es sólo una pequeña fracción de este increíble universo que contiene más de 200 mil millones de galaxias.

Y se estima que cada una de estas galaxias tiene más de 100 mil millones de estrellas. Nuestras mentes ni siquiera pueden comprender este tipo de inmensidad. Y pensar que todo se produjo por el poder de la Palabra de Dios. Dios lo dijo, ¡y así fue! (Génesis 1:1).

Porque él habló, y se hizo; Él ordenó, y se mantuvo firme. (Salmo 33:9)

Creo que la ciencia nos enseña que el universo se está expandiendo y que realmente no saben por qué. Bueno, déjenme decirles. La Biblia nos enseña que la Palabra de Dios no volverá vacía (Isaías 55:11). *Así será mi palabra que salga de mi boca: no volverá a mí vacía, sino que cumplirá lo que me plazca, y prosperará en la cosa a la que la envié.*

Me gusta decir que creo en la teoría del Big Bang: ¡Dios lo dijo y BANG! ¡Fue!

El universo se está expandiendo porque la Palabra de Dios es tan poderosa, tan viva, que cuando Él dijo: *"Hágase hay"*, ¡todavía está ahí fuera! ¡Todavía está creando!

Si estuviera en el púlpito en este momento, estaría diciendo: "¿Puedo obtener un amén?"

Le digo a mi congregación que si tienen la calcomanía en el parachoques que he visto en la parte trasera de muchos autos y camiones que dice: "¡Dios lo dijo, yo lo creo, y eso lo resuelve!", También podrían quitársela.

¡Es teología equivocada! Dios lo dijo... ¡Y eso lo resuelve!

¡Que lo creamos o no, no cambia esa realidad!

Le pregunté a mi congregación: "¿Cuántas patas dirías que tenía tu perro si creyeras que su cola es una pata?"

Por supuesto, la mayoría gritó: "¡Cinco!"

A lo que respondí: "¡No!" ¡Puedes llamar a su cola una pierna desde ahora hasta el día del juicio final y nunca será una pierna! La realidad es que un perro tiene cuatro patas, ¡y nada de lo que creamos en contrario cambiará o puede cambiar eso!

Dios lo dijo, ¡y así fue! ¡Y eso lo resuelve!

Decir que creo que hay millones, tal vez miles de millones, de ángeles, serafines, querubines, y quién sabe qué otras criaturas puede haber, es (creo) cortarme a mí mismo. Independientemente del número de criaturas, la Biblia nos dice que Lucifer era la "suma de belleza y perfección" de toda la creación de Dios.

Como dije antes, a Lucifer se le dio el Jardín del Edén para cuidar y gobernar. Esa podría haber sido una raza de criaturas antes de Adán, no creadas a imagen de Dios (las llamaremos pre-adamitas), que habitaban la tierra en ese momento. Aquí es probablemente donde obtenemos el dinosaurio y todos los homínidos o "prehumanos" que los científicos siguen diciéndonos (erróneamente) que son nuestros antepasados.

Fue en este jardín (Edén) y debido a la "suma" de su belleza y poder que no solo nació el pecado, sino que Lucifer decidió derrocar a su propio Creador.

Imagina a Pinocho dado la capacidad de un hada para convertirse en humano. Habiendo recibido esta nueva forma y poder, Pinocho intenta usurpar la autoridad de su creador, Geppetto, y hacerse cargo de la tienda de juguetes. Y no solo eso, convence a un tercio de todos los juguetes para que se unan a él en su adquisición.

Eso, amado, es exactamente lo que hizo Lucifer. Por favor, comprenda que no tomó a Dios por sorpresa. De hecho, Dios lo permitió. Dios quería que sus cielos fueran probados.

Creo que Dios sostuvo la corte en el cielo y permitió que Lucifer diera su dirección de "estado de los cielos", por así decirlo. Creo que Dios probó todo el Cielo y le dio a Lucifer la oportunidad de decirle al resto de las criaturas en el Cielo por qué deberían seguirlo a él y no a Dios.

Tal vez de alguna manera convenció a los serafines de que ya no iba a hacer que tuvieran que decir "Santo, santo, santo" las veinticuatro horas del día. En Apocalipsis 4:8, habla de estas criaturas de pie delante del trono todo el *día y toda la noche diciendo: Y las cuatro bestias tenían cada una de ellas seis alas alrededor de él; y estaban llenos de ojos dentro, y no descansan día y noche, diciendo: Santo, santo, santo, SEÑOR Dios Todopoderoso, que era, y es, y está por venir.*

Una cosa que sí sabemos es que él causó que un tercio de las estrellas (ángeles) del Cielo cayeran con él. Ahora, aunque no hay ningún versículo que diga "un tercio de los ángeles cayeron del cielo", yo, y muchos otros estudiantes de la Palabra, hemos llegado a la conclusión de que es Lucifer, más tarde llamado Satanás, a quien se refiere el libro de Apocalipsis cuando dice: *Y sonó el quinto ángel, y vi una estrella caer del cielo a la tierra: y a él se le dio la llave del pozo sin fondo.* (Apocalipsis 9:1).

En el capítulo doce, versículo cuatro, Apocalipsis nos dice... *Y su cola dibujó la tercera parte de las estrellas del cielo, y las arrojó a la tierra:*

Qué imagen tan increíble de la caída de Lucifer. Ruego que hayas prestado especial atención al versículo 4: Su cola dibujó un tercio de las estrellas del cielo y las arrojó a la tierra. (énfasis mío)

En otras palabras, cuando Satanás cayó, un tercio de las huestes angélicas de Dios lo siguieron. El versículo continúa diciendo: *4 Y su cola dibujó la tercera parte de las estrellas del cielo, y las arrojó a la tierra; y el dragón se puso delante de la mujer que estaba lista para ser liberada, para devorar a su hijo tan pronto como naciera.*

5 Y dio a luz un hijo varón, que había de gobernar a todas las naciones con vara de hierro, y su hijo fue arrebatado a Dios y a su trono. (Apocalipsis 12:4-5).

Por supuesto, si usted es un estudiante de la Biblia, usted sabe que la mujer a la que se hace referencia aquí no es otra que la nación de Israel, y su hijo es Jesús.

Satanás hizo todo lo que pudo para detener el nacimiento de Jesús. Convenció al rey Herodes de masacrar a todos los niños varones de dos años o menos (Mateo 2:16).

Entonces Herodes, cuando vio que se burlaba de los sabios, se enfureció demasiado, y envió y mató a todos los niños que estaban en Belén, y en todas sus costas, desde los dos años de edad y menores, según el tiempo que había preguntado diligentemente a los sabios.

Jesús mismo dijo al referirse a la caída de Lucifer, y les dijo: *"Vi a Satanás caer como un rayo del cielo".* (Lucas 10:18)

Dado que Satanás mismo es referido como "una estrella" en Apocalipsis 9:1, creo que es seguro concluir que "las estrellas" se refieren a los ángeles caídos.

Lo que tenemos aquí, amados, es el nacimiento real del pecado antes de la creación y la caída de Adán. Nació en el libre albedrío de Lucifer, por lo que fue expulsado del tercer cielo según su dominio.

Por favor, comprenda que Satanás no puede y no vive en el tercer cielo de Dios. Explicaré por qué digo "tercero" más adelante. Sin embargo, todavía tiene acceso a ella. De esto no podemos obtener una imagen más clara que la que se nos da en el libro de Job 1: 6-12 ... *⁶Hubo un día en que los hijos de Dios vinieron a presentarse ante el SEÑOR, y Satanás vino también entre ellos.*

⁷ Y JEHOVÁ dijo a Satanás: ¿De dónde vienes? Entonces Satanás respondió al SEÑOR, y dijo: De ir y venir en la tierra, y de caminar arriba y abajo en ella.

⁸ Y JEHOVÁ dijo a Satanás: ¿Consideraste a mi siervo Job, que no hay nadie como él en la tierra, un hombre perfecto y recto, uno que teme a Dios, y evita el mal?

⁹ Entonces Satanás respondió al SEÑOR, y dijo: ¿Teme Job a Dios por nada?

¹⁰ ¿No has hecho un cerco alrededor de él, y de su casa, y de todo lo que tiene por todas partes? Has bendecido la obra de sus manos, y su sustancia se incrementa en la tierra.

¹¹ Pero extiende tu mano ahora, y toca todo lo que tiene, y te maldecirá hasta tu rostro.

¹² Y JEHOVÁ dijo a Satanás: He aquí, todo lo que tiene está en tu poder; sólo sobre sí mismo no extendió tu mano. Así que Satanás salió de la presencia del SEÑOR.

¡Oh, no te equivoques al respecto! Satanás tiene acceso al trono. Y usa ese acceso para acusarnos (a los cristianos) ante Dios mismo. ¡Has leído bien! "¡NOSOTROS!" Todos y cada uno de los hijos de Dios nacidos de nuevo por la sangre de Jesús.

Pero un día los cielos se regocijarán porque el diablo será arrojado a la Tierra. En ese día, todo el infierno se desatará en la Tierra porque Satanás sabe que tiene poco tiempo antes de que el Señor trate con él para bien (Apocalipsis 12:12) *Por lo tanto, regocíjense, cielos, y vosotros que moráis en ellos. ¡Ay de los habitantes de la tierra y del mar! porque el diablo ha descendido a vosotros, teniendo gran ira, porque sabe que tiene poco tiempo.*

Usted puede estar preguntando: "Pastor, ¿de dónde sacó la cosa del tercer cielo?" Bueno, de Pablo. En 2 Corintios 12:2-4, nos habla de una experiencia increíble. Él dice que fue llevado al tercer cielo y que realmente no sabe si fue física o espiritualmente. Aparentemente, vio y escuchó cosas tan impresionantes que ni siquiera se le permitió repetirlas.

2 Conocí a un hombre en Cristo hace más de catorce años, (si en el cuerpo, no puedo decir; o si fuera del cuerpo, no puedo decirlo: Dios sabe;) tal uno alcanzó al tercer cielo.

3 Y conocí a un hombre así, (ya sea en el cuerpo, o fuera del cuerpo, no puedo decir: Dios sabe;)

4 Cómo fue arrebatado al paraíso, y oyó palabras indecibles, que no es lícito que un hombre pronuncie.

Creo que esto muy bien podría haber sucedido cuando Pablo fue apedreado y dejado por muerto en Hechos 14:19. Creo que fue aquí donde Pablo murió y fue llevado al tercer cielo donde está el Paraíso.

Y allí vinieron ciertos judíos de Antioquía e Iconio, que persuadieron al pueblo, y habiendo apedreado a Pablo, lo sacaron de la ciudad, suponiendo que había muerto.

Habiendo sido expulsado tanto del tercer cielo como de la Tierra, Lucifer destruyó la Tierra Pre-Adamita con una inundación. Este diluvio, según algunos eruditos, fue incluso peor que el diluvio de Noé. Duró más tiempo y mató a todos los seres vivos, incluida la vegetación, lo que no sucedió durante el diluvio de Noé (Génesis 8:11).

Y la paloma entró en él por la noche; y, he aquí, en su boca había una hoja de olivo arrancada: así que Noé sabía que las aguas habían disminuido de la tierra.

Génesis 1:2 Y la tierra estaba sin forma, y vacía; y las tinieblas estaban sobre la faz del abismo. Y el Espíritu de Dios se movió sobre la faz de las aguas. (Causado, algunos argumentarán, por el diluvio de Lucifer).

Entonces, cuando Dios dice "Sea la luz" en Génesis 1: 3, Dios comienza Sus seis días de restaurar la tierra y crear nuevas criaturas, incluido el hombre en el sexto día (Génesis 1: 26-28). *26 Y dijo Dios: Hagamos al hombre a nuestra imagen, conforme a nuestra semejanza, y que tengan dominio sobre los peces del mar, y sobre las aves del aire, y sobre el ganado, y sobre toda la tierra, y sobre toda cosa rastrera que se arrastra sobre la tierra.*

27 Así que Dios creó al hombre a su imagen, a imagen de Dios lo creó; varón y hembra los creó.

28 Y Dios los bendijo, y Dios les dijo: Sed fructíferos, y multiplicaos, y henchid la tierra, y sojuzgadla, y tened dominio sobre los peces del mar, y sobre las aves del cielo, y sobre todo ser viviente que se mueve sobre la tierra.

Muchos creen que fue el diluvio de Lucifer lo que causó que los dinosaurios se extinguieran y todos los pre-Adamitas murieran.

El libro de Job dice que solo Aquel que los creó (muchos, incluyéndome a mí, creen que esto se refiere a los dinosaurios) puede acercar Su espada a ellos (Job 40:15-19).

15 He aquí ahora el gigante, que hice contigo; come hierba como buey.

16 He aquí ahora, su fuerza está en sus lomos, y su fuerza está en el ombligo de su vientre.

17 Mueve su cola como un cedro: los tendones de sus piedras están envueltos.

18 Sus huesos son como fuertes piezas de bronce; sus huesos son como barras de hierro.

19 Él es el principal de los caminos de Dios: el que lo hizo puede hacer que su espada se acerque a él.

Entonces, Dios mismo sacó Su espada o usó el diluvio de Lucifer (si es que realmente sucedió) para deshacerse de los dinosaurios. No lo sabremos hasta que lleguemos al cielo.

También puede ser la razón por la que hemos encontrado fósiles de homínidos, no humanos o prehumanos, aunque criaturas similares a los humanos. Algo en lo que pensar e investigar más.

Él y sus ángeles caídos ahora ocupan los "lugares celestiales", y son los "principados y potestades" sobre los cuales gobierna Satanás y de quienes se nos advierte en Efesios 6:12.

Porque no luchamos contra carne y sangre, sino contra principados, contra potestades, contra los gobernantes de las tinieblas de este mundo, contra la maldad espiritual en los lugares altos.

Por cierto, los seres espirituales llamados demonios pueden muy bien ser los espíritus incorpóreos de estas criaturas. Antes de Adán, no creo que Dios hubiera hecho nunca ninguna criatura a Su semejanza. ¡Y así, los cielos fueron probados!

Cuánto tiempo entre la creación de la Tierra pre-Adamita y su "sin forma y vacío" no lo sabemos. Tampoco sabemos cuánto tiempo continuó en esa condición. Pero cuando llegó el momento, Dios restauró la tierra a su estado habitable y la hizo apta para el hombre. Y lo hizo en seis días.

Cinco veces se nos dice que las criaturas vivientes se reprodujeron según su propia especie, lo que significa que no vinieron de un ancestro común. ¡Que la Palabra diga que el hombre fue CREADO nos dice claramente que NO evolucionamos de simios o cualquier criatura simiesca o humanoide!

El hombre fue hecho a 'IMAGEN DE DIOS', y no fue formado de una bestia sino del 'polvo de la tierra'.

Hombre y hembra los crearon. (Génesis 1:27)

Esta era o dispensación se llama la Dispensación Edénica, o la Dispensación de la Inocencia.

Ahora, si nunca has escuchado el término "dispensación", es un período en el que Dios trata con los hombres. Dios trata y dispensa Su propósito y Sus planes para el hombre de diferentes maneras, y la forma en que Dios trata con los hombres es diferente y progresiva en cada dispensación.

Tenga en cuenta que hay una diferencia entre una "Edad" y una "Dispensación". Una "Era" significa un período entre dos grandes cambios físicos en la superficie de la tierra, mientras que una "Dispensación" es un período "moral" o "probatorio".

Por ejemplo, esta era presente comenzó con el diluvio de Noé, y terminará cuando Cristo regrese a la Tierra. No el Rapto, sino el regreso literal a la Tierra con diez mil de Sus santos (Judas 1:14).

En el libro de Éxodo, Dios le dio la ley a Moisés, que marcó el comienzo de la dispensación de la "Ley". Estamos viviendo ahora mismo bajo la dispensación de la 'Era de la Gracia'. La próxima dispensación será la 'Dispensación Mesiánica', o 'el Reino Milenial'.

Permítanme compartir con ustedes un poco más acerca de las dispensaciones.

Las 'DISPENSACIONES' son...

1. La EDENIC o Dispensación de INOCENCIA.

Esta dispensación cubre el tiempo desde la creación del hombre hasta la caída del hombre.

2. La dispensación de la CONCIENCIA.

Esto fue desde el momento en que el hombre fue expulsado del jardín hasta la dispensación de la Ley.

Era un tiempo en que los hombres hacían lo que querían (Génesis 6:5-6)

⁵ Y vio Dios que la iniquidad del hombre era grande en la tierra, y que toda imaginación de los pensamientos de su corazón era sólo mala continuamente.

⁶ Y el Señor se arrepintió de haber hecho al hombre en la tierra, y le entristeció en su corazón.

Esto es también cuando los ángeles caídos dejaron los lugares celestiales, su primer estado (su dominio apropiado), fueron a la Tierra y se unieron (tuvieron relaciones sexuales) con mujeres mortales, produciendo así gigantes llamados Nefilim (Génesis 6: 1-4).

¹ Y aconteció que cuando los hombres comenzaron a multiplicarse sobre la faz de la tierra, y les nacieron hijas,

² Que los hijos de Dios vieron a las hijas de los hombres que eran justas; y las tomaron esposas de todo lo que eligieron.

³ Y el SEÑOR dijo: Mi espíritu no siempre luchará con el hombre, porque él también es carne; sin embargo, sus días serán ciento veinte años.

⁴ Había gigantes en la tierra en aquellos días; y también después de eso, cuando los hijos de Dios vinieron a las hijas de los hombres, y les dieron hijos, los mismos llegaron a ser hombres poderosos que eran de antaño, hombres de renombre.

3. La Dispensación del GOBIERNO HUMANO.

Esta dispensación comenzó no mucho después del diluvio. Dios le promete a Noé que nunca más inundará completamente la tierra. Él da permiso para usar animales como alimento y le dice a Noé y a su familia que repoblan la tierra. Es aquí donde Dios establece la ley de la pena capital (Génesis capítulos 8 y 9).

Proverbios 16:18 dice: *El orgullo va antes de la destrucción, y un espíritu altivo antes de una caída.*

En Génesis 11:1-9, el relato de la Torre de Babel nos dice que después del diluvio de Noé todos en el mundo hablaron el mismo idioma.

A medida que la población comenzó a crecer, la gente se mudó a nuevas áreas. Un grupo de personas se trasladó a la llanura de Sinar. Hoy lo conocemos como Babilonia o parte de Irak.

Allí decidieron construir una torre que llegaría hasta los cielos. Querían hacerse un nombre y no querían dispersarse a otras áreas de la tierra.

Algunos eruditos piensan que estas personas recordaron el Gran Diluvio de Noé. Aparentemente, ellos no creían que Dios cumpliría su palabra. Ellos no creían en el pacto del arco iris.

Otros eruditos piensan que la gente de Babel pensó que podían construir una torre que alcanzara el Cielo y de alguna manera convertirse en dioses, para llegar a ser iguales a Dios.

¿Cuántas almas perdidas conoces que están tratando de llegar al Cielo de alguna manera que no sea a la manera de Dios? Amados, nunca podemos ser lo suficientemente buenos, lo suficientemente poderosos, lo suficientemente inteligentes, lo suficientemente creativos, lo suficientemente amorosos o lo suficientemente santos como para convertirnos en un dios y salvarnos a nosotros mismos.

Qué irónico que diga la Escritura: *Y el SEÑOR bajó a ver la ciudad y la torre, que los hijos de los hombres construyeron.* (Génesis 11:5)

Su torre no había llegado al cielo en absoluto. De hecho, Dios tuvo que " bajar" para ver la ciudad.

Tenían un solo idioma, y el plan era que todos vivieran en el mismo lugar para lograr grandes cosas. Pero al final, Dios revirtió su plan y los dispersó sobre "toda la tierra".

Esta dispensación duró hasta que Dios llamó a Abraham.

4. La Dispensación de la PROMESA.

Los patriarcas y la aflicción de Israel en Egipto como esclavos durante 430 años hasta el tiempo del Éxodo caen en esta dispensación.

5. La Dispensación de la LEY.

Esta dispensación comenzó con Moisés guiando a la nación de Israel fuera de la esclavitud de Egipto, Dios dándole a Moisés la Ley y los planos para el Tabernáculo (Éxodo 19-31). ¡Terminó con la muerte, sepultura y resurrección de Jesús el Cristo!

6. La Dispensación de la GRACIA.

Esta dispensación comenzó con la resurrección de Jesús. También se le llama "la era de la gracia" o "la era de la Iglesia". Esta es la dispensación en la que estamos viviendo ahora.

7. El Reino Milenial de CRISTO.

Este es el reinado de 1.000 años de Cristo en la Tierra. Satanás será atado (Apocalipsis 20:1-3).

¹ Y vi a un ángel descender del cielo, con la llave del abismo y una gran cadena en la mano. ² Y se aferró al dragón, esa serpiente antigua, que es el diablo, y Satanás, y lo ató mil años, ³ Y lo arrojó al abismo, y lo encerró, y le puso un sello, para que no engañara más a las naciones, hasta que se cumplieran los mil años: Y después de eso debe estar suelto un poco de temporada.

Cristo gobernará en una teocracia en la Tierra. Satanás será liberado por un corto tiempo para un juicio final de la gente en la tierra (Apocalipsis 20:7-10).

⁷ Y cuando los mil años hayan expirado, Satanás será desatado de su prisión,

⁸ Y saldrá a engañar a las naciones que están en las cuatro partes de la tierra, Gog y Magog, para reunirlas para la batalla: el número de los cuales es como la arena del mar.

⁹ Y subieron sobre la anchura de la tierra, y rodearon el campamento de los santos, y la ciudad amada, y descendió fuego de Dios del cielo, y los devoró.

¹⁰ Y el diablo que los engañó fue arrojado al lago de fuego y azufre, donde están la bestia y el falso profeta, y será atormentado día y noche por los siglos de los siglos.

La vieja tierra y el cielo serán destruidos por el fuego. Satanás será arrojado para siempre al lago de fuego, y esto marcará el comienzo de la **Eternidad FUTURA.**

Ahora volvamos a Adán.

Adán y Eva eran perfectos y estaban en perfecta unión con Dios, su Creador, y eran inocentes del mal. No tenían conciencia antes de la caída. Ambos estaban desnudos y no se avergonzaban (Génesis 2:25).

Y ambos estaban desnudos, el hombre y su esposa, y no se avergonzaron.

La conciencia es el conocimiento del "Bien" y del "Mal", y Adán y Eva no tuvieron esto hasta que tuvieron sus ojos abiertos al comer del fruto del Árbol del Conocimiento del Bien y del Mal (Génesis 2:17).

Pero del árbol de la ciencia del bien y del mal, no comerás de él, porque el día que lo hagas, ciertamente morirás.

Capítulo III

Una Criatura a Imagen de su Creador

Creo que una de las principales razones por las que hay tantas denominaciones, cultos, creencias y confusión diferentes en el Cuerpo de Cristo (la Iglesia) es porque pocos realmente entienden la Biblia.

Por ejemplo, si no entiendes lo que sucedió en el Jardín del Edén, nunca comprenderás y entenderás realmente lo que sucedió en el Jardín de Getsemaní, o en el resto de la Biblia.

¿Por qué Jesús es llamado el segundo Adán?

Es mi intención y oración que con la ayuda de Dios y la guía del Espíritu Santo, responda algunas de estas preguntas en este libro.

Muchas veces, me he sentado a escribir y nunca he seguido adelante debido a mis sentimientos de insuficiencia. Personalmente no creo que pueda escribir una carta, y mucho menos tratar de explicar las cosas profundas e increíbles de Dios en un libro.

He tenido el título de mi libro en mi cabeza durante muchos años. Le he dicho a mucha gente que iba a escribirlo. Pero no fue hasta que mi hermano y amigo, Silvio González, publicó su libro, *Let There Be Light,* que no solo fui condenado a escribirlo, sino más que eso, inspirado.

Alguien bien dijo que el Antiguo Testamento es el Nuevo Testamento oculto y el Nuevo Testamento es el Antiguo Testamento revelado.

TODO en el Antiguo Testamento está ahí para señalarnos a Jesús. Si te pierdes eso, te perderás todo el consejo de Dios.

En el libro de Génesis, leemos que Dios formó al hombre del polvo de la tierra y literalmente sopló Su vida (Espíritu) en la nueva forma que Él había formado. Cobraba vida, y Él lo llamó hombre.

Por favor, comprenda que Dios nunca se había insuflado a sí mismo, Su Espíritu, en ninguna otra criatura que Él había creado antes de Adán, incluso seres como los serafines, que el libro de Isaías nos dice que son seres de seis alas que vuelan alrededor del trono de Dios clamando "santo , santo, santo" (Isaías 6: 1-3).

¹ En el año en que murió el rey Uzías, vi también al SEÑOR sentado en un trono, alto y levantado, y su tren llenó el templo.

² Sobre ella estaban los serafines: cada uno tenía seis alas; con twain se cubrió la cara, y con twain cubrió sus pies, y con twain voló.

³ Y uno clamó a otro, y dijo: Santo, santo, santo, es JEHOVÁ de los ejércitos: toda la tierra está llena de su gloria.

Otras criaturas o seres de los que habla la Biblia son los querubines. De lo que leemos en Ezequiel 10:14, Y cada uno tenía cuatro caras: la primera cara era la cara de un querubín, y la segunda cara era la cara de un hombre, y la tercera la cara de un león, y la cuarta la cara de un águila.

Aparecen en varios de los libros de la Biblia, incluyendo Ezequiel, Génesis, 1 Reyes y Apocalipsis.

Luego están los ángeles, que según el libro de Hebreos, son espíritus ministradores.

Algún tiempo después de que Satanás trató de usurpar el arrojado de Dios y fue expulsado del tercer cielo (y no sabemos cuánto tiempo después), Dios decide crear una criatura diferente a cualquier otra que haya creado. Dios decide hacer una criatura a Su propia semejanza.

Por favor, sepan que cada otra criatura que Dios creó alguna vez fue una especie en sí misma. Con eso quiero decir que no hay ángeles mamá y ángeles papá que tengan ángeles bebé. No se casan ni se dan en matrimonio (Marcos 12:25) *Porque cuando resucitan de entre los muertos, no se casan, ni se dan en matrimonio; sino que son como los ángeles que están en el cielo.*

Son como los copos de nieve que Dios le pide a Job que considere cuando le preguntó: ¿Has entrado en los tesoros de la nieve? o has visto los tesoros del granizo, en Job 38:22

Por cierto, fue solo después de la invención del microscopio que descubrimos que no hay dos copos de nieve iguales. Son una especie en sí mismos; un milagro, una obra maestra de belleza que Dios en Su amor y perfección nos dio para que podamos captar (solo un poco) no solo Su poder creativo, sino Su amor inescrutable por nosotros, la única criatura creada a Su imagen.

Dios, hablando de Jesús antes de nacer como el niño Jesús, dijo que fue llamado la Palabra (Juan 1:1). *En el principio era el Verbo, y el Verbo estaba con Dios, y el Verbo era Dios.* Y si saltas al versículo 14, dice: *Y el Verbo se hizo carne. En otras palabras, ¡el Verbo se convirtió en Jesús!*

Hablando a la Palabra, *entonces Dios dijo: "Hagamos al hombre a nuestra imagen, según nuestra semejanza".* (Génesis 1:26a)

Génesis 2:7 nos da un poco más de información sobre la creación divina de Adán. *Y el SEÑOR Dios formó al hombre del polvo de la tierra, y sopló en sus fosas nasales el aliento de vida; y el hombre se convirtió en un alma viviente.*

Adán fue la primera criatura hecha a semejanza de Dios. Así como Dios es un ser trino (Padre, Hijo, Espíritu Santo), Adán fue creado como un ser trino: cuerpo, alma y espíritu. Dios entonces le da el encargo de todo el Edén (Génesis 1:26b)... y que tengan dominio sobre los peces del mar, y sobre las aves del aire, y sobre el ganado, y sobre toda la tierra, y sobre toda cosa rastrera que se arrastra sobre la tierra.

Todo en la Tierra fue puesto bajo el cuidado de Adán. El Señor Dios había formado cada bestia del campo y cada ave del cielo y las había traído a Adán para que él las nombrara, pero Dios no había formado otra criatura a semejanza de Adán. Dios no había formado a otro hombre de la tierra (Génesis 2:18-20).

18 Y el SEÑOR Dios dijo: No es bueno que el hombre esté solo; Lo haré una reunión de ayuda para él.

19 Y de la tierra el SEÑOR Dios formó toda bestia del campo, y toda ave del cielo; y los llevó a Adán para ver cómo los llamaría; y todo lo que Adán llamó a toda criatura viviente, ese era su nombre.

20 Y Adán dio nombres a todo el ganado, y a las aves del cielo, y a toda bestia del campo; pero para Adán no se encontró una ayuda para él.

Sin embargo, el Señor mismo había dicho que no era bueno que Adán estuviera solo. Note que Dios nunca dijo que Adán estaba solo, sólo que no era bueno para él estar solo.

Dios no solo sabía cómo se sentía Adán, sino que, y creo esto con todo mi corazón, Dios quería enseñarnos el tipo de relación e intimidad que quería con Su creación, la única criatura hecha a Su semejanza.

Dios hace lo que yo llamo "cirugía divina". Puso a Adán a dormir, le hizo un agujero en el costado y sacó a su novia, Eva (Génesis 2:21-22).

21 Y el SEÑOR Dios hizo caer un sueño profundo sobre Adán, y él durmió, y tomó una de sus costillas, y cerró la carne en su lugar;

²² *Y la costilla, que el SEÑOR Dios había tomado del hombre, lo hizo mujer, y la trajo al hombre.*

¡Oh, pero espera! ¿No les dije al principio de este libro que toda la Biblia era acerca de dos hombres, dos novias y dos dilemas? Bueno, espera, está llegando.

Dios toma una costilla de Adán y modela a Eva, la ayudante de Adán. Adán la mira y dice: *"Esto es ahora hueso de mis huesos y carne de mi carne; Ella será llamada Mujer, porque fue sacada del Hombre".* (Génesis 2:23)

A Adán se le dio a Eva para ser su novia, al igual que un padre le daría a su hija a su esposo hoy. Adán amaba a su esposa. Ambos eran perfectos, en un ambiente perfecto, colocados allí por un Dios perfecto.

Adán tenía a Dios en él y debido a que Eva fue sacada de Adán, ella también tenía a Dios en ella. El espíritu vivificante que fue soplado en Adán estaba ahora en su nueva novia, Eva.

¡Ambos estaban vivos porque el Espíritu de Dios estaba en ellos y Él es VIDA!

Aparte de Dios, no hay vida. La muerte espiritual es cuando el Espíritu de Dios es removido de los hombres. La muerte física es cuando el espíritu de los hombres es removido de su hábitat, el cuerpo.

Una pregunta que siempre tuve, y para la cual ni un solo pastor al que le pregunté tenía la respuesta, era: *"¿Por qué Dios no formó a Eva de la tierra cuando formó a Adán? ¿Por qué la sacó de Adán?"* Las respuestas variaron desde *"Para Su Gloria"* hasta un honesto *"Realmente no lo sabemos".*

Estaba meditando y orando sobre esta pregunta un día mientras estaba encarcelado en Seagoville, Texas. Compartiré con ustedes lo que siento fuertemente que el Señor puso en mi corazón con respecto a esto. No estoy diciendo que Él me dijo audiblemente, o que fui 'muerto por el espíritu' (explicaré 'muerto en el espíritu' más adelante) y se me dio la respuesta. Lo que les diré es que la respuesta fue tan clara, tan vívida y tenía tanto sentido, que no solo creo que vino de Dios, sino que estoy convencido de que nada más tiene sentido. La Biblia dice que el Espíritu dará testimonio con el espíritu (Romanos 8:16) y eso es lo que oro para que suceda aquí.

Sentí que el Señor me decía que si Él hubiera creado a Eva separada de Adán, ella no podría haber participado en la redención de Adán ni nadie más nacido de Eva. Si Dios hubiera formado a Adán, soplado Su Espíritu en él, luego formado separadamente a Eva y dado su vida, después de que ambos hubieran comido del fruto prohibido e instantáneamente murieran espiritualmente y comenzaran a morir físicamente, Dios habría tenido que enviar dos redentores: uno para redimir a Adán y el otro para redimir a Eva. Pero, debido a que ella fue sacada de Adán, cuando Jesús redimió a Adán, Él también redimió a Eva, y a todos los nacidos de Adán y Eva.

Pero espera, ¿dos redentores? Considerémoslo por un minuto.

Eso también significa que Jesús habría tenido que bajar a la Tierra dos veces, tomar la forma de hombres, vivir entre los hombres, experimentar todo lo que un hombre experimenta, ¡pero no pecar! También que los hombres le hagan lo que quieran, se ofrezcan a sí mismos como rescate en la Cruz y mueran a manos de mortales enloquecidos, sean sepultados y resuciten de entre los muertos DOS veces, una vez por Adán y otra por Eva.

Pero como en Adán todos mueren, y en Cristo todos son vivificados (1 Corintios 15:22), ¡Él solo tuvo que hacerlo una vez! ¡ALABADO SEA DIOS!

¡Uau! Me quedé impresionado, y como dije, ¡nada más tiene sentido!

Sólo podemos imaginar la reacción de Adán la primera vez que vio a Eva.

Luego se les dijo que *fueran fructíferos, y se multiplicaran, y llenaran la tierra* (Génesis 1:28).

El uso de las palabras "henchi la tierra" nos dice que la Tierra debe haber sido habitada antes de que Adán fuera formado y antes de que Dios la restaurara en Génesis 1:3-10.

Los cielos ya estaban probados. Por favor, sepan que Dios no quería entonces, ni quiere ahora, que nadie le sirva porque debe hacerlo. Él siempre ha querido que elijamos amarlo y servirlo por nuestra cuenta. Como mencioné anteriormente, una cosa es estar delante del trono de Dios y decir continuamente *"Santo, Santo, Santo, es el Señor Dios Todopoderoso"* porque tienes que hacerlo, y otra muy distinta decirlo porque quieres porque lo amas.

CAPÍTULO IV

LA PRUEBA DE ADÁN

Como he mencionado, una fe que no puede ser probada es un... Bueno, ¡ya sabes el resto!

Como ya sabemos, todo el Cielo fue probado, y ahora Dios tenía que probar Su nueva creación. Dios había colocado dos árboles en medio del jardín: el Árbol del Conocimiento del Bien y del Mal y el Árbol de la Vida.

Dios le había advertido a Adán que era libre de comer de cualquier árbol en el jardín, pero no de comer del Árbol del Conocimiento del Bien y del Mal. Además, le advirtió que el día que lo comiera seguramente moriría (Génesis 2:8,15).

8 Y el SEÑOR Dios plantó un jardín hacia el oriente en el Edén; y allí puso al hombre a quien había formado.

15 Y el SEÑOR Dios tomó al hombre, y lo puso en el jardín del Edén para vestirlo y guardarlo.

Por favor, comprenda que esto no tenía nada que ver con qué tipo o tipo de fruto era, y todo que ver con si Adán sería obediente a Dios o no.

El Árbol de la Vida debe haber producido algún tipo de fruto regenerador celular que iba a mantener al hombre mortal en la inmortalidad perpetua. El árbol está ahora en el cielo según (Apocalipsis

22: 2) *En medio de la calle de él, y a ambos lados del río, estaba allí el árbol de la vida, que dio doce formas de frutos, y dio su fruto cada mes: y las hojas del árbol eran para la curación de las naciones.*

Dios había probado los cielos y ahora tenía que probar Su nueva creación. Satanás tenía seguidores, tal vez incluso millones de ángeles que habían caído con él. Me imagino que tenía poder, al menos tanto como Dios le permitiría tener, y creo que podría haber tenido músculo (a falta de una palabra mejor) para entrar en el jardín, pero no tenía autoridad.

Las llaves, la escritura del jardín, la autoridad, habían sido dadas a Adán, la criatura creada a imagen de Dios. Satanás tuvo que idear un plan por el cual Adán le daría la "obra" o la autoridad para gobernar en el jardín por su cuenta.

Permítanme decir algunas palabras sobre la autoridad que la mayoría de la gente no entiende. Hay una GRAN diferencia entre poder y autoridad.

Permítanme darles un ejemplo. Puedes ser mucho más grande y más duro que yo. Puedes tener el poder físico para irrumpir en mi casa, echarme y tratar de vivir en ella como si fuera tuya, pero no tienes autoridad.

Tengo la escritura de mi casa, y está a mi nombre. Puedo llamar a la policía y te arrestarán o, al menos, te sacarán. Tú puedes tener el poder, pero yo tengo la autoridad.

Satanás sabe que de alguna manera debe conseguir que este hombre le dé la autoridad. Necesitaba entrada legal al jardín. Recuerde, Satanás es la suma de la inteligencia cuando habla de las criaturas creadas por Dios antes de Adán.

¿Es de extrañar que se nos advierta que estemos al tanto de sus dispositivos?

Para que Satanás no se aproveche de nosotros, porque no ignoramos sus artimañas (2 Corintios 2:11).

Permítanme recordarles de nuevo que "Satanás" significa adversario, que significa un enemigo. También se le llama el jefe de los demonios (Lucas 11:15) *Pero algunos de ellos dijeron: Él echa fuera demonios a través de Belcebú, el jefe de los demonios.* El gobernante de este mundo (Juan 16:11), *De juicio, porque el príncipe de este mundo es juzgado.* El dios de este mundo (2 Corintios 4:4), *en quien el dios de este mundo ha cegado las mentes de los que no creen, para que no brille ante ellos la luz del glorioso evangelio de Cristo, que es la imagen de Dios.* Y el príncipe de la potestad del aire (Efesios 2:2), *en el cual en tiempos pasados andasteis según el curso de este mundo, según el príncipe de la potestad del aire, el espíritu que ahora obra en los hijos de desobediencia:*

Y entre otras cosas, Satanás es identificado como un gran dragón, un león rugiente, el vil, el tentador y el acusador.

Pablo dice: *Ponte toda la armadura de Dios, para que puedas resistir las artimañas (las maquinaciones) del diablo.* (Efesios 6:11).

Pedro nos dice en (1 Pedro 5:8): *Estad sobrios, estad vigilantes; porque vuestro adversario el diablo, como león rugiente, anda por ahí, buscando a quién devorar:*

Me acuerdo de un sueño que tuve hace unos años. Estaba luchando contra algunos demonios y los estaba golpeando fácilmente. Estaba usando patadas y puñetazos que desearía poder hacer en la vida real. Estaba usando lo que le digo a mi congregación que era 'Kung Fu espiritual' (lol). De repente, en cámara lenta, veo al león más hermoso que he visto corriendo hacia mí. Me recordó al león Aslan que vi en la película *Narnia*.

Me quedé paralizado por el miedo. No podía moverme. El león tenía la boca abierta. Estaba rugiendo tan fuerte que mi alma parecía vibrar. Tan pronto como estuvo lo suficientemente cerca, saltó, estirando sus dos patas delanteras, y pude ver sus enormes garras y uñas afiladas listas y lanzándose hacia mí. Justo cuando pensé que estaba muerto, me oí gritar: "¡En el nombre de Jesús!", momento en el que regresó con cuatro patas y comenzó a alejarse. Cuando estaba a unos veinte pies de distancia, se dio la vuelta y dijo: "Oye, Conrad, volveré. Eso es lo que hago".

Amados, la mayor ventaja de Satanás es nuestra ignorancia de sus artimañas. ¡Él intentará cualquier cosa para distraernos y desanimarnos!

Satanás trata de distraernos poniendo nuestras mentes y nuestra atención en las cosas materiales (azul) en lugar de las cosas espirituales (rojo); en los regalos en lugar del dador de regalos; en el servicio y no en el Salvador; sobre los métodos más que sobre el mensaje; en los hombres en lugar de Dios (1 Juan 2:15-16) *15 No ames al mundo, ni las cosas que están en el mundo. Si alguno ama al mundo, el amor del Padre no está en él. 16 Porque todo lo que hay en el mundo, los deseos de la carne, y los deseos de los ojos, y el orgullo de la vida, no son del Padre, sino del mundo.*

Estamos tan ocupados construyendo nuestros tesoros aquí en la Tierra, sin pensar que este mundo no es más que un vapor. He realizado muchos servicios funerarios, y nunca he visto un coche fúnebre tirar de un U-Haul. ¡No puedes llevarlo contigo! Jesús mismo nos dice que no almacenemos tesoros aquí en la Tierra porque no durarán, sino que los almacenemos en el Cielo donde estarán por una eternidad (Mateo 6: 19-20), *19 No os dejéis tesoros en la tierra, donde la polilla y el óxido corrompen, y donde los ladrones se abren paso y roban:*

20 Pero haced tesoros en el cielo, donde ni la polilla ni el óxido corrompen, y donde los ladrones no se abren paso ni roban:

Amados, nada revela más el corazón de un hombre que su billetera. ¿Es de extrañar que Pablo le dijera a su joven estudiante que el amor al dinero era la raíz de todo mal (1 Timoteo 6:10)? Tenga en cuenta que el hermano Pablo no dice que el dinero es la raíz de todo mal, sino que el amor al dinero sí lo es.

Oh, que aprendamos a aplicar lo que Pablo nos dice en (Colosenses 3: 2) *Pon tu afecto en las cosas de arriba, no en las cosas de la tierra.*

Jesús mismo nos dijo en (Mateo 6:33) *Pero buscad primero el reino de Dios y su justicia, y todas estas cosas os serán añadidas.*

Satanás no ama nada más que interrumpirnos de servir.

Le gusta especialmente atacar después de haber tenido una 'Experiencia en la cima de la montaña'. ¡Un 'encuentro cercano de la clase de Dios'!

¿Recuerdas en Mateo 17:1-8 cuando Jesús llevó a Pedro, Juan y Santiago a la montaña?

Y después de seis días, Jesús toma a Pedro, Santiago y Juan su hermano, y los lleva a una montaña alta aparte,

² Y se transfiguró delante de ellos, y su rostro brilló como el sol, y su vestimenta era blanca como la luz.

³ Y he aquí, se les aparecieron Moisés y Elías hablando con él.

⁴ Entonces respondió Pedro, y dijo a Jesús: Señor, es bueno que estemos aquí: si quieres, hagamos aquí tres tabernáculos; uno para ti, y otro para Moisés, y otro para Elías.

⁵ Mientras aún hablaba, he aquí, una nube brillante los cubrió, y he aquí una voz de la nube, que decía: Este es mi Hijo amado, en quien tengo complacencia; oídle.

⁶ Y cuando los discípulos lo oyeron, cayeron sobre su rostro, y tuvieron mucho miedo.

⁷ Y Jesús vino y los tocó, y dijo: Levántate y no temas.

⁸ Y cuando levantaron los ojos, no vieron a nadie, excepto a Jesús solamente.

Se llama el Monte de la Transfiguración porque Jesús fue transfigurado justo en frente de ellos. Jesús llevó a tres de sus discípulos más cercanos y del círculo íntimo con Él a una montaña donde procedió a revelarse de Su humanidad y les reveló un atisbo de Su divinidad.

Se quitó el traje azul (físico) y les mostró Quién era Él en el rojo (espiritual).

Nada menos que dos de los hombres más increíbles mencionados en el Antiguo Testamento, Moisés y Elías, aparecen para discutir con Él todo lo que estaba a punto de experimentar (Lucas 9:30,31)

30 Y, he aquí, hablaron con él dos hombres, que eran Moisés y Elías:

31 Que apareció en gloria, y habló de su muerte que debía cumplir en Jerusalén.

Moisés había estado muerto por unos 1.500 años. Elías había sido trasladado y nunca había muerto, pero había estado en el Paraíso durante unos 900 años. Moisés es una imagen de la Ley y Elías es una imagen de los profetas, que representan tanto a los muertos como a los santos arrebatados.

Por cierto, el versículo 5 nos da una imagen clara de la Trinidad.

La voz era el Padre, Jesús el Hijo estaba de pie en una luz radiante, y el Espíritu Santo era la nube que cubría la sombra.

Pedro, impulsivo y nunca perdiendo la oportunidad de decir lo que piensa, en su falta de comprensión de lo que realmente estaba sucediendo quiere construir tres tabernáculos: uno para Jesús, uno para Moisés y otro para Elías (versículo 4).

Ahora no se nos dice lo que Pedro estaba pensando cuando sugirió esto. Tal vez quería establecer un campamento allí y nunca bajar. Tal vez pensó que al menos iban a pasar algún tiempo allí y que necesitaban refugio.

Pero sí sabemos que al pedir, en efecto estaba colocando a Moisés y Elías en igualdad de condiciones con Jesús, algo que el Padre no iba a permitir.

Mientras aún hablaba, he aquí, una nube brillante los cubrió, y he aquí una voz de la nube, que decía: Este es mi Hijo amado, en quien tengo complacencia; Escuchadlo. (Mateo 17:5).

En otras palabras, el Padre les estaba diciendo: "¡NUNCA comparen a Mi Hijo con NADIE! ¡Escúchalo a Él y solo a Él!"

Es curioso cómo al mundo le encanta comparar a Jesús con muchos hombres. Lo comparan con Buda, o Confucio, o Lao Tse, incluso Gandhi. Sin embargo, Dios les dice lo que le dijo a Pedro hace unos dos mil años. *"Este es Mi Hijo amado, en quien tengo complacencia. ¡Escúchalo!"*

Podemos ir tan lejos como para decir que, en esencia, Dios también le estaba diciendo a Pedro, de toda la humanidad, ¡solo estoy complacido con Mi Hijo!

El versículo seis nos dice que cuando Pedro, Juan y Santiago oyeron la voz, cayeron sobre sus rostros y tuvieron miedo. Entonces Jesús se acercó a ellos, los tocó, y les dijo que no tuvieran miedo (versículo 7) *Y Jesús vino y los tocó, y dijo: Levántate, y no temas.*

¡Recientemente hice un sermón llamado ONE TOUCH! Wow, ¿te imaginas ser tocado físicamente por Dios mismo?

Jesús se puso su traje de hombre, camina hacia ellos y les dice que no tengan miedo, luego los lleva montaña abajo. Estoy seguro de que hubieran preferido quedarse allí arriba. Apostaría a que nunca quisieron bajar.

Pero prepárate. Debemos bajar de la montaña, ¡y la mayoría de las veces Satanás está allí esperando!

Los versículos 14 al 18 nos dicen que tan pronto como bajaron de la montaña, un padre lleva a su hijo poseído por demonios a Jesús.

[14] Y cuando llegaron a la multitud, vino a él cierto hombre, arrodillándose ante él, y diciendo: [15] Señor, ten piedad de mi hijo, porque él es lunático, y afligido y dolorido, porque muchas veces cae en el fuego, y a menudo en el agua. [16] Y lo traje a tus discípulos, y ellos no pudieron curarlo. [17] Entonces Jesús respondió y dijo: ¡Oh, generación infiel y perversa, cuánto tiempo estaré contigo? ¿cuánto tiempo te sufriré? tráemelo aquí. [18] Y Jesús reprendió al diablo; y se apartó de él, y el niño fue curado de aquella misma hora.

Y eso, amigo mío, es tan típico de cómo opera Satanás. Le encanta derribarnos, especialmente cuando acabamos de tener una experiencia con Dios en la cima de la montaña.

Hablando de experiencias en la cima de la montaña, permítanme compartir con ustedes otro sueño que tuve, excepto que esto fue mucho más que un sueño. Esto sucedió después de uno de los servicios que tuve con mis hermanos y compañeros de prisión en el Instituto Correccional de Seagoville en Seagoville, Texas. Si no sabe o no ha escuchado o visto mi testimonio, pasé seis años en prisiones estatales y federales por contrabando de drogas.

(Puede ver mi testimonio en YouTube buscando al pastor Conrad De La Torres, o en nuestro sitio web, Fusionchurchhomestead.com)

Tengo que decir que esa noche fue una de las noches más poderosas que he experimentado en mi caminar cristiano. Muchos reclusos vinieron a Cristo, las vidas cambiaron, los hombres fueron transformados, y el Espíritu Santo no solo se podía sentir, ¡sino que casi podía ser tocado!

Era hora de "apagar las luces", y todos tenían que estar en sus literas para el encierro. Me había subido a mi litera superior mientras mi compañero de cuarto ya estaba dormido y roncaba en la litera inferior. Era un gran tipo y un católico devoto, y aunque aguantó mi constante enseñanza y predicación, nunca asistió a ninguno de nuestros servicios evangélicos. Una vez le pregunté qué tenía la Iglesia Católica que lo atraía tanto, y su respuesta fue "los rituales".

Mientras me acosté, me quedé dormido cantando alabanzas y agradeciendo a Dios por lo que acababa de hacer en nuestro servicio. Inmediatamente entré en un sueño en el que me encontré en la puerta principal de mi casa y estaba entrando. Cuando abrí la puerta, mi preciosa hija, Monique, que tenía alrededor de ocho años en ese momento, me recibió y estaba parada a unos diez pies frente a mí, dándome la bienvenida a casa con la sonrisa más hermosa que puedas imaginar.

Recuerdo que en mi sueño, comencé a llorar de la alegría de verla y estar en casa con mi familia nuevamente. Cuando di un paso adelante, la sonrisa de Monique se convirtió en un ceño fruncido y hubo un fuego comenzando detrás de ella. Esto me sobresaltó tanto que me desperté con un jadeo, aterrorizado. Respiraba con dificultad y mi corazón latía con fuerza. Podía escuchar a mi compañero de cuarto roncar, y aunque estaba triste de encontrarme en prisión todavía, me sentí aliviado de que fuera solo un sueño. Puse mi mano sobre mi pecho y me calmé. Lentamente recuperé el aliento, cerré los ojos e inmediatamente me encontré de vuelta donde lo dejé en el sueño.

Los ojos de Monique ahora se estaban poniendo rojos, y ella estaba gruñendo, y el fuego se había extendido en el fondo. Una vez más, me desperté con un jadeo y tuve que recuperar el aliento. Una vez más, me llevé la mano al pecho y me calmé hasta donde podía cerrar los ojos. Mientras lo hacía, de nuevo me encontré de vuelta a donde lo había dejado en mi sueño. Los ojos de Monique ahora estaban completamente rojos, su comportamiento era, a falta de una palabra mejor, como un animal, o lo que pensarías que sería un demonio.

El fuego ya había consumido toda la casa detrás de ella, pero no parecía verse afectada de ninguna manera. Ella solo me miró con mezquindad y odio que es difícil de describir. Una vez más, me desperté completamente sin aliento y empapado en sudor, y aterrorizado.

No quería cerrar los ojos o volver a dormir por temor a terminar allí de nuevo e incluso morir mientras dormía. Me calmé y recuperé el aliento y decidí bajar muy suave y silenciosamente para no molestar o despertar a mi compañero de cuarto e ir al baño.

Nuestras habitaciones eran una habitación para dos personas con literas y el baño estaba en el pasillo. Fui al baño, oriné, me lavé las manos y la cara, me quedé allí unos minutos incrédulo de lo que acababa de experimentar. Regresé a mi habitación, cerré la puerta y volví a subirme a mi cama.

Siento la necesidad de describirles estas camas. Estaban completamente hechos de metal y unidos por separado a la pared. La litera superior, donde dormí, era más alta de lo que había visto una litera antes en mi vida. Tuve que poner mi pie en la litera de mi compañero de cuarto, agarrar uno de los postes de metal y levantarme.

Cuando me recosté y coloqué una almohada sobre mi cara (un hábito que he tenido desde que era un niño), cerré los ojos e inmediatamente escuché a alguien o algo susurrarme al oído a cien millas por hora. "Eres un perdedor. Nadie te ama. ¿Qué te parece? ¿Quién te crees que eres? Dios no te va a ayudar. Vamos a buscar a tu hija. Vamos a buscar a su hijo, a su esposa. Nunca vas a volver a casa. Nunca los volverás a ver. Dios no es real. Él no puede ayudarte"... y así sucesivamente. ¡Abrí mis ojos, y prometo ante Dios, que lo que estoy a punto de compartir con ustedes es la VERDAD ABSOLUTA!

Y si me conocen y saben algo sobre mi ministerio, saben que enseño contra lo que llamo el movimiento 'hiper-fe', de nuevo, llamo 'hiper-fe' el movimiento de dar para recibir, o palabra de fe, nombrarlo-reclamarlo, blab-it-agarrarlo, fake-it-take-it que ha impregnado el cuerpo de Cristo.

Dicho esto, permítanme decir también que sé que los seres espirituales son reales, no solo lo sé porque la Palabra de Dios lo dice, sino porque los he visto. Algunas personas me han acusado de no creer en los dones del Espíritu, pero por favor déjenme asegurarles que creo en TODOS los dones del Espíritu, ¡cuando es el Espíritu de Dios el que los hace!

Abrí los ojos y vi a un ser que debe haber tenido más de diez pies de altura encorvado con su cara sobre la mía y sin nada entre nosotros excepto mi almohada. Esta criatura era completamente negra, y pude ver sus ojos mirándome desde el otro lado de mi almohada. Su boca estaba sobre mi oído, y la almohada parecía hacer que su voz resonara aún más mientras continuaba diciéndome que él o ellos iban a destruir a mi familia, y quién creía que era, y que Dios no me iba a ayudar.

Mi cara casi tocaba la suya. Doy gracias a Dios porque había una almohada entre nosotros. Traté de gritar pero no pude. ¡Estaba petrificado!

Estaba diciendo "¡En el nombre de Jesús!" una y otra vez, pero solo podía decirlo en mi mente. Finalmente, después de lo que pareció ser una eternidad, me oí gritar "EN EL NOMBRE DE JESÚS!!!" tan fuerte como pude, y la criatura desapareció.

Mi compañero de cuarto estaba tan sorprendido que saltó y se golpeó la cabeza en el fondo de mi cama y gritó también. Todos en todo el piso estaban despiertos y fuera de sus habitaciones preguntándose qué había sucedido. Me sentí avergonzado, pedí perdón y lo expliqué como un mal sueño, por temor a que me etiquetaran como un loco, aunque lo compartí con los hermanos y lo usé como herramienta de enseñanza.

Amado, créanme cuando les digo que el Diablo quiere desanimarnos y desinflarnos espiritualmente como un globo espiritual. Y usará todos y cada uno de los medios que se le ocurran para hacerlo.

A veces son nuestros amigos e incluso nuestra propia familia los que utiliza. Pienso en Moisés en el Monte de la Transfiguración con Jesús y sus discípulos. Dios mío, las cosas que este hombre tuvo que soportar. Todos los murmullos y quejas. Incluso estaba en peligro de ser asesinado por las mismas personas que acababa de sacar de la esclavitud en Egipto.

Lea los libros de Deuteronomio y Números y se sorprenderá y verá por qué Moisés era un tipo de Cristo.

No es de extrañar que el libro de Números diga que él era el hombre más humilde sobre la faz de la tierra (Números 12:3).

Sí, a Satanás le encanta especialmente usar a los más cercanos a nosotros para desanimarnos.

Pero amo y me siento alentado por el hermano Pablo cuando dijo: *Y no nos cansemos de hacer el bien: porque a su debido tiempo cosecharemos, si no desmayamos.* (Gálatas 6:9).

¡Así que nunca te rindas!

Leí una historia interesante sobre Sir Winston Churchill en Internet. Cuando era niño, el Sr. Churchill había asistido a una escuela preparatoria llamada Harrow School.

Después de graduarse, asistió a la universidad y más tarde sirvió con el ejército británico en la India y África. Fue elegido Primer Ministro de Gran Bretaña a la edad de 65 años.

Hacia el final de su servicio como Primer Ministro, Churchill aceptó una invitación para regresar a Harrow y hablar con el cuerpo estudiantil.

El director informó al cuerpo estudiantil que Winston Churchill iba a visitarlos. Se jactaba de que Churchill era probablemente el mejor orador de la época y que les correspondería prestar mucha atención y tomar notas.

Llegó el día y el director presentó al Primer Ministro de Gran Bretaña. Sir Winston Churchill subió al podio, y después de reconocer gentilmente la presentación, miró al cuerpo estudiantil y dijo: "¡Jóvenes caballeros, nunca se rindan! ¡Nunca te rindas! ¡Nunca, nunca, nunca, nunca!"

Y con eso, se dio la vuelta, volvió a su asiento y se sentó.

Amados, dice el diablo, ¡nunca lo lograrás! Pero la fe dice: ¡NUNCA, NUNCA, NUNCA TE RINDAS! *Para Dios todo es posible.* (Mateo 19:26)

Cuando nos encontramos en los valles de la vida, a menudo nos encontramos diciendo: *"¿Eli, Eli, lama sabachthani?" Dios mío, Dios mío, ¿por qué me has abandonado?* (Mateo 27:46)

Proverbios 13:12 dice: *La esperanza diferida enferma el corazón; pero cuando viene el deseo, es árbol de vida.*

Recientemente recordé esta verdad cuando una de nuestras preciosas parejas y los jefes de nuestro ministerio de niños realmente esperaban y oraban para que Dios les otorgara el puesto gerencial en una instalación de almacenamiento en Orlando, Florida.

Habían ido a la entrevista con tanta esperanza y anticipación que me rompió el corazón -sólo puedo imaginar el de ellos- cuando les dijeron que no habían conseguido el trabajo. Aunque sé que quieren mudarse de esta área y están buscando empleo en el norte de Florida, estamos agradecidos con Dios de que puedan quedarse con nosotros al menos un poco más. Me siento tan mal por ellos. Sin embargo, yo sé esto, y ellos también, ¡que Dios sabe mejor!

¡ACTUALIZAR! Unos meses más tarde, a la esposa se le ofreció un puesto como gerente en otra compañía de almacenamiento al norte de Ocala, Florida, y al esposo se le ofreció el puesto de supervisor de las instalaciones de la compañía en toda el área, ¡y una hermosa casa para vivir! ¡Dios es bueno!

A veces Dios permite que ciertas cosas sucedan en nuestras vidas que cambiarán la dirección en la que podríamos dirigirnos. Sé, mirando hacia atrás, que nunca habría aprendido a "dividir correctamente" la Palabra de Dios si no hubiera ido a prisión.

Por favor, no malinterpreten. De ninguna manera estoy diciendo que Dios me puso en prisión. Por el contrario, mi pecado me puso en prisión. Y si has visto o escuchado mi testimonio, me has oído decir que yo era inocente de los cargos en mi contra (traer cocaína con Pablo Escobar), y lo era, pero como dice la Biblia, *un hombre cosecha lo que siembra* (Gálatas 6:7).

Sembré un campo de drogas y traje marihuana a este país, y en consecuencia coseché un campo de prisión. Sin embargo, Dios fue fiel a Su Palabra cuando dice: *Y sabemos que todas las cosas cooperan para bien a los que aman a Dios, a los que son llamados según su propósito* (Romanos 8:28).

La parte más triste de esto es que en mi total ignorancia y rebelión, sometí a mi familia a una tortura, y ellos fueron afectados por mi pecado. Eso es algo con lo que tendré que vivir por el resto de mi vida, ¡y NUNCA podré redimir los años que pasé lejos de ellos!

Escuché a muchos reclusos testificar erróneamente en las capillas de la prisión que Dios los había puesto allí, a lo que yo decía: "¡Absolutamente no! Tu pecado lo hizo". Es solo que tenemos un Dios tan paciente y misericordioso que nos ama tanto que tomará incluso lo peor, y si se lo permitimos, nos guiará y nos verá a través de ello, haciéndonos salir del otro lado aún mejor y más fuertes.

Créanme cuando les digo que Satanás está vivo y bien en el planeta Tierra. Y ha estado trabajando horas extras en la vida de muchas personas.

Mientras estaba en prisión, pasé la mayor parte de mis días en el estudio de la Palabra. Nosotros (los reclusos) celebramos nuestros propios servicios todos los días, y puedo decirles honestamente que algunos de los hombres más maduros, piadosos y consagrados que he conocido estaban, y algunos todavía están, en prisión. Aprendimos unos de otros, nos animamos unos a otros, estuvimos ahí el uno para el otro, y crecimos para confiar en el Señor y aprender a dividir correctamente Su Palabra entre nosotros. Amados, cuando Dios es todo, tú tienes, ¡llegas a entender que Dios es todo lo que necesitas!

También tuvimos la bendición de tener hermanos y hermanas increíbles que se ofrecieron como voluntarios cada semana para venir a la prisión y compartir con nosotros y enseñarnos la Palabra de Dios. Un hermano que recuerdo especialmente, amo y agradezco a Dios es Dennis Lyons. ¡Dios mío, ese hombre nos enseñó tanto! Él nos enseñó especialmente a 'manejar correctamente la Palabra de Dios'.

Aprendí a aplicar dos colores a las Escrituras: AZUL para hablar de cosas que se ven y ROJO para hablar de cosas invisibles.

Como ejemplo, colorearé el código 2 Corintios 4:16-18 para usted:

16. Por qué causa no nos desmayamos; Pero, aunque nuestro hombre exterior (azul) perezca, sin embargo, el hombre interior (rojo) se renueva día a día.

17. Porque nuestra ligera aflicción (azul), que no es más que por un momento, produce para nosotros un peso de gloria mucho más grande y eterno (rojo).

18. Mientras que no miramos las cosas que se ven (azul), sino las cosas que no se ven (rojo); porque las cosas que se ven son temporales (azules); pero las cosas que no se ven son eternas (rojas).

Una parábola, por ejemplo, es una historia AZUL con una verdad ROJA. Es una historia que usa cosas que podemos ver (naturales) para enseñarnos sobre cosas que no podemos ver (espirituales).

Cuando visito una iglesia, a menudo le hago a la congregación esta pregunta: "¿Necesitas ser circuncidado para llegar al cielo?" Por supuesto, la mayoría, si no todas, las veces, la respuesta es un enfático "¡NO!" a lo que respondo rápidamente: "¡Oh, sí!" En el Antiguo Testamento, era la circuncisión de la carne (azul). En el Nuevo Testamento, es la circuncisión del corazón (rojo).

De hecho, toda la Biblia es azul o roja.

Si colocas tu Biblia frente a ti, y comienzas en el libro de Génesis y comienzas a pasar las páginas hacia el libro de Apocalipsis, estarás pasando de la iluminación azul a la roja. Cuantas más páginas pases, más rojo se dispensará. Tipos azules y sombras de las realidades rojas que Dios está tratando de enseñarte.

Toda la Biblia se puede dividir en estos dos colores. Te ayudará a dividir correctamente la Palabra, y encontrarás que la Palabra cobrará vida a medida que la leas y la entiendas.

La mayoría de las personas toman la Palabra de Dios fuera de contexto, lo que conduce a todo tipo de doctrina equivocada. Por lo tanto, el hermano Pablo le dijo a su joven hijo en la fe que estudiara la Palabra de Dios para que pudiera manejarla (dividirla correctamente) correctamente y nunca avergonzarse (2 Timoteo 2:15), *estudie para mostrarse aprobado a Dios, un obrero que no necesita avergonzarse, dividiendo correctamente la palabra de verdad.*

Y para entenderlo, debes asegurarte de que lo que lees esté en contexto. Es posible que tenga que leer por encima o por debajo del versículo que leyó, e incluso puede que tenga que leer todo el capítulo o libro para obtener el significado completo o el contexto.

Entonces, la primera pregunta que debes hacerte al estudiar la Palabra de Dios es: ¿Está en contexto? El problema número uno que veo en el Cuerpo de Cristo es que la mayoría de las iglesias o personas no manejan o aplican la Biblia correctamente. Tomarán un versículo y harán de él toda una doctrina.

La Escritura interpretará la Escritura. Debemos estudiar todo el consejo de la Palabra. Necesitamos considerar no solo lo que está escrito, sino por quién, a quién, de dónde, en qué momento, con qué propósito, con qué intención y bajo qué circunstancias, siempre considerando lo que se dijo antes y lo que se dijo después.

Volviendo a nuestra historia...

Satanás fue a la mujer Eva y la convenció de que la razón por la que Dios no quería que comieran del Árbol de la Vida era porque Dios sabía que el día que comieran, ya no lo necesitarían, y ellos mismos se convertirían en dioses.

En otras palabras, Satanás les dijo, que lo codificaran por colores, ahora mismo tienes rojo en ti, pero Dios sabe que el día que comas del árbol estarás completamente rojo, y ya no lo necesitarás.

Hizo que Eva dudara de la Palabra de Dios. Génesis 3:1 dice: *Sí, ¿ha dicho Dios: ¿No comeréis de todo árbol del jardín?*

Eva vio que el fruto era bueno para comer y bueno para hacer sabio y hacer a uno como Dios, así que comió. ¡Y cuando comió, murió!

Al instante, el Espíritu de Dios se apartó de ella y ella murió espiritualmente. Era como si la luz de su espíritu se hubiera apagado. ¡Muy parecido a soplar una vela!

Al ilustrar esto con mis copas azules y rojas, coloco la copa roja dentro de la azul para representar al Espíritu de Dios dentro del hombre. En el momento en que come, saco la taza roja y la azul queda vacía y desolada, lo que ilustra que ahora está espiritualmente muerta y físicamente moribunda, lo que nos lleva al dilema.

CAPÍTULO V

EL DILEMA DE ADÁN

La Biblia nos dice que Adán estaba allí con Eva cuando ella comió del fruto (Génesis 3: 6), *Y cuando la mujer vio que el árbol era bueno para comer, y que era agradable a los ojos, y un árbol que se deseaba hacer sabio, tomó del fruto del mismo, y comió, y dio también a su marido con ella; Y comió.*

Es posible que tengas que leer este versículo varias veces para entenderlo, porque es difícil creer que Adán estaba allí mientras la serpiente estaba seduciendo a su esposa y no hizo nada al respecto. ¡Adán debería haber agarrado a esa serpiente por el cuello y mordido su cabeza de inmediato! Por lo menos debería haber exigido que la serpiente abandonara el jardín, para nunca regresar.

Adán fue el responsable, no sólo del jardín, sino también de su esposa Eva. Permítanme aprovechar esta oportunidad para decir algo a mis hermanos aquí mismo. *¡Tú* eres responsable de la atmósfera espiritual en tu hogar! *¡Tú* eres el que tendrá que dar cuenta de lo que permitiste en tu hogar! *¡Tú* eres el SACERDOTE de la casa! *Tú* eres el que necesita liderar. Y permítanme agregar esto: ¡Es difícil para una mujer seguir a un hombre que no va a ninguna parte!

Eva comió primero, pero veremos que Dios vino a buscar a Adán. ¡Él era responsable y tenía que rendir cuentas!

Es increíble para mí que él se quedara allí mientras Eva estaba siendo manipulada para comer de la fruta prohibida, la vio hacerlo y luego participar de ella él mismo. Pero, de nuevo, si fuéramos honestos con nosotros mismos, ¿con qué frecuencia dejamos que las cosas que sabemos que van en contra de la Palabra de Dios entren en nuestros hogares y nuestras vidas?

Por favor, comprenda que Adán acababa de presenciar la muerte espiritual de su esposa. La conexión que una vez tuvo con Dios, la Gloria Shekinah que una vez la consagró, ya no estaba allí. ¡Estaba muerta! Ella está espiritualmente separada de la vida misma, Dios, y por primera vez está muriendo físicamente.

Adán es un hombre vivo (espiritual y físicamente), mirando a una mujer muerta (espiritualmente muerta y físicamente moribunda).

¡Y fue entonces cuando experimentó lo que yo llamo **El Dilema!**

Un dilema es un problema que ofrece dos posibilidades, ninguna de las cuales es preferible. Y les sugiero que eso es exactamente lo que Adán experimentó en el Jardín del Edén ese día.

Adán debe haber pensado para sí mismo: *"Si como, moriré, pero si no lo hago, Dios la quitará y estaré solo otra vez".*

Amados, tú y yo nunca entenderemos esto realmente hasta que estemos en la presencia de Dios mismo. Casi puedo oírlo decir al Señor: *"Fuiste tú quien me la dio. Preferiría nunca haberla conocido que perderla. La quiero. ¡Por favor, no me la quites!"*

¡Qué batalla tan increíble debe haber pasado! Qué guerra debe haber experimentado entre su carne y su espíritu. A partir de ese día, cada persona nacida dos veces (nacida de mujer y Dios) tendrá que luchar esta batalla dentro de sí misma.

Tenemos una visión de esto con el hermano Pablo. Él habla de algo similar que experimentó aproximadamente cuatro mil años después cuando escribió el libro de Romanos. En el capítulo siete, comparte la batalla que tuvo con su carne y espíritu (Romanos 7:18-24), *18 Porque sé que en mí (es decir, en mi carne) no habita nada bueno, porque la voluntad está presente conmigo; pero no encuentro cómo hacer lo que es bueno.*

19 Por el bien que quisiera no lo hago; pero el mal que no quiero, eso hago.

20 Ahora bien, si hago eso no lo haría, ya no soy yo el que lo hace, sino el pecado que mora en mí.

21 Encuentro entonces una ley, que, cuando quiero hacer el bien, el mal está presente conmigo.

22 Porque me deleito en la ley de Dios según el hombre interior:

23 Pero veo otra ley en mis miembros, luchando contra la ley de mi mente, y llevándome cautivo a la ley del pecado que está en mis miembros.

24 ¡Miserable de mí! ¿quién me librará del cuerpo de esta muerte?

Dios mío, qué dilema, qué batalla debe haber pasado Adán. Se encontró teniendo que elegir entre Dios, su Creador, y su esposa, Eva.

Creo que miró a Dios, miró a Eva, miró a Dios, miró a Eva, miró a Dios, miró a Eva y nunca volvió a levantar la vista.

Y se quedó allí, con los ojos bien abiertos, a sabiendas, voluntariamente, y entendiendo que Dios les había dicho que el día que comieran seguramente morirían. Sabiendo que le costaría su vida, su posición, su intimidad y amistad con su Creador, su Dios, Adán comió. ¡Y cuando comió, murió! Espiritualmente, instantáneamente, y comenzó a morir físicamente ese día también.

Adán eligió separarse de Dios en lugar de separarse de Eva, su novia, su esposa, la mujer (la única mujer, puedo agregar) que amaba.

Por favor, entienda esto. Adán y Eva no solo acortaron sus vidas y así murieron antes de tiempo cuando comieron del fruto. Introdujeron en su cuerpo algo que no estaba allí antes, un nuevo elemento, la MORTALIDAD.

Fueron creados para vivir para siempre. (Génesis 3:22-23) nos dice que aunque el veneno del fruto (lo llamaremos Sin-nesencia) había hecho su daño, había introducido la muerte a los cuerpos de Adán y Eva, podrían haber comido del Árbol de la Vida y revertir ese daño.

22 Y el SEÑOR Dios dijo: He aquí, el hombre se ha hecho como uno de nosotros, para conocer el bien y el mal; y ahora, no sea que extienda su mano, y tome también del árbol de la vida, y coma, y viva para siempre:

23 Por tanto, el SEÑOR Dios lo envió del jardín del Edén, para labrar la tierra de donde fue tomado.

El problema era que, si bien este árbol aparentemente podía sanar la mortalidad y, por lo tanto, permitirles vivir para siempre, no podría haber hecho nada para sanar o revivir su espíritu muerto.

Entonces, Dios los expulsó del jardín. No porque estuviera enojado con ellos como algunos suponen. No para castigarlos. No para darles una lección. Sino porque Él los amaba. Él los sacó del jardín a menos que comieran del Árbol de la Vida y vivieran para siempre espiritualmente muertos y separados de Dios. Dios en su amor fue tan lejos como para colocar un ángel y una espada de fuego para guardar el árbol (Génesis 3:24) *Así que expulsó al hombre; y colocó al este del jardín del Edén querubines, y una espada de fuego que giraba en todos los sentidos, para guardar el camino del árbol de la vida.*

Debido a la caída del hombre, Dios tuvo que romper Su reposo, (Génesis 2:2) *Y en el séptimo día Dios terminó su obra que había hecho ; y descansó en el séptimo día de toda su obra que había hecho. Y fue a buscar al hombre.*

CAPÍTULO VI

¿DÓNDE ESTÁS?

Adán y Eva oyeron al Señor Dios caminando en el fresco del día en el jardín, y se escondieron. Se escondieron del Dios que los había creado. Se escondieron del Creador que les había dado vida y los había sostenido. ¡Se escondieron, porque por primera vez desde su creación, vieron su desnudez y se avergonzaron! (Génesis 3:8-10) 8 Y oyeron la voz del Señor Dios caminando en el jardín en el fresco del día, y Adán y su esposa se escondieron de la presencia del SEÑOR Dios entre los árboles del jardín.

⁹ Y el SEÑOR Dios llamó a Adán, y le dijo: ¿Dónde estás?

¹⁰ Y él dijo: Oí tu voz en el jardín, y tuve miedo, porque estaba desnudo; y me escondí.

Y esa ha sido la condición de cada hijo de Adán e hija de Eva desde entonces: desnudos, avergonzados y tratando de cubrirnos con todas y cada una de las hojas de parra que podamos encontrar.

El pecado separó a Dios de Adán y Eva tal como nos separa hoy, y hemos estado tratando de escondernos de Dios desde entonces. ¡Si tan solo entendiéramos que es imposible esconderse de Dios! Nada se le oculta.

¿A dónde iré de tu espíritu? o ¿de dónde huiré de tu presencia? (Salmo 139:7)

Cuando Dios vino a ellos en el jardín, le preguntó a Adán: "*¿Dónde estás?* "Por favor, no pienses ni por un momento queDios no sabía dónde estaba. Dios sabía exactamente dónde estaba. Él sabía con certeza que Adán no estaba donde lo había dejado. Era como si ese cordón umbilical invisible, espiritual y rojo que conectaba a Adán con Dios hubiera sido cortado.

Sabía dónde estaba. Solo quería que Adam lo supiera. Y creo que desde ese momento hasta ahora, Dios le ha hecho a cada hijo de Adán e hija de Eva esa misma pregunta: "*¿Dónde estás?* "

Él quiere que salgamos de detrás de nuestros árboles y le permitamos tratar abiertamente con nosotros. Tú y yo somos maestros en escondernos detrás de los árboles para cubrir nuestra verdadera condición espiritual.

Cuando era más joven, me escondía detrás de muchos árboles de mango, pero mi padre siempre me atrapaba robando mangos y gritando mi trasero.

Uno de los árboles detrás de los cuales nos encanta escondernos esel Árbol de los Falsos Sentimientos. Sin embargo, la Biblia nos enseña claramente que *debemos caminar por fe, no por vista* (2 Corintios 5: 7)

Los sentimientos, a menos que estén alineados con la verdad de la Palabra de Dios, pueden ser traicioneros y llevarnos a doctrinas equivocadas y locas.

Muchas personas, basadas en nada más que sentimientos y emociones azules, han ido al altar, se han conmovido, han llorado, y algunos han dicho que incluso han sido "muertos en el espíritu".

Por cierto, solo hay un caso en todo el Nuevo Testamento donde puedes encontrar un verdadero muerto en el Espíritu, y ese es en el caso de Ananías y Safira (Hechos 5: 1-11).

¹ Pero cierto hombre llamado Ananías, con Safira su esposa, vendió una posesión, ² Y guardó parte del precio, su esposa también estaba al tanto de él, y trajo cierta parte, y la puso a los pies de los apóstoles. ³ *Pero Pedro dijo: Ananías, ¿por qué Satanás ha llenado tu corazón para mentir al Espíritu Santo y retener parte del precio de la tierra?* ⁴ *Mientras permaneció, ¿no era tuyo? y después de que fue vendido, ¿no estaba en tu propio poder? ¿Por qué has concebido esto en tu corazón? no has mentido a los hombres, sino a Dios.* ⁵ *Y Ananías oyendo, estas palabras se postró, y abandonó el fantasma, y gran temor vino sobre todos los que oyeron estas cosas.* ⁶ *Y los jóvenes se levantaron, lo enrollaron, lo sacaron y lo enterraron.* ⁷ *Y fue más o menos el espacio de tres horas después, cuando su esposa, sin saber lo que se había hecho, entró.* ⁸ *Y Pedro le respondió: Dime si vendiste la tierra por tanto. Y ella dijo, sí, por tanto.* ⁹ *Entonces Pedro le dijo: ¿Cómo es que habéis convenido en tentar juntos al Espíritu del Señor? He aquí, los pies de los que han enterrado a tu marido están a la puerta, y te llevarán.* ¹⁰ *Entonces cayó ella directamente a sus pies, y entregó el fantasma, y entraron los jóvenes, y la encontraron muerta, y, llevándola, la enterraron junto a su marido.* ¹¹ *Y gran temor vino sobre toda la iglesia, y sobre todos los que oyeron estas cosas.*

¡Esta falsa doctrina de la Palabra de Fe, que realmente debería llamarse el movimiento Caminar por los Sentimientos, ha hecho más daño y ha alejado a más personas de la verdad y hacia falsas enseñanzas y doctrinas que cualquier otra cosa en el Cuerpo de Cristo!

Las personas piensan que están operando bajo la influencia del espíritu y lo están, pero NO es el Espíritu de Dios. No es más que 'Fe sobre Fe'. Fe en lo que están sintiendo en ese momento, y no fe en lo que Dios tiene que decir en Su Palabra.

Ahora el Espíritu habla expresamente, que en los postreros tiempos algunos se apartarán de la fe, prestando atención a espíritus seductores y doctrinas de demonios. (1 Timoteo 4:1)

¡Esto ha llevado a muchos a ser engañados por cualquiera que profese ser un 'Profeta'! Yo los llamo 'Propheliars'.

Pablo nos advierte en Efesios 4:14, *Que de ahora en adelante no seremos más niños, sacudidos de aquí para allá, y llevados con todo viento* de doctrina, por el juego de hombres y la astucia astuta, por la cual están al acecho para engañar.

Y hay muchos otros árboles detrás de los cuales nos escondemos: el Árbol de la Religión, la Mentira, el Robo, el Adulterio, la Adicción, la Fornicación, el Miedo, el Fracaso, la Incredulidad, la Idolatría, la Falta de Perdón, la Inmoralidad, ¡y la lista sigue y sigue!

Volviendo a Génesis 3.

Adán le dice a Dios que se estaba escondiendo porque estaba desnudo. "¿Quién te dijo que estabas desnudo?" Dios le pregunta: *¿Quién te dijo que estabas desnudo? ¿Has comido del árbol, de lo cual te mandé que no comieras?* (Génesis 3:11). ¡Y aquí, amados, tenemos el primer soplón que jamás haya vivido! El hombre señala (creo) a su esposa y le dice a Dios: "¡La mujer que me diste!"

Siempre me he preguntado qué habría hecho Dios si Adán hubiera reconocido su error y asumido toda la responsabilidad por lo que sucedió. Supongo que podemos especular todo lo que queramos sobre esto, pero no lo sabremos hasta que nos encontremos con el Señor.

Eva miró a su alrededor, tal vez le dijo a Adán: "¡Oh no, simplemente no lo hiciste!" y señaló a la serpiente (creo) y le dijo a Dios: "La serpiente me engañó" (Génesis 3:13) *Y el SEÑOR Dios dijo a la mujer: ¿Qué es esto que has hecho? Y la mujer dijo: La serpiente me engañó, y comí.*

Y las cosas simplemente van cuesta abajo desde allí. La serpiente miró a su alrededor, pero todos los demás animales habían huido. (En realidad no, me lo acabo de inventar). ¡Sabemos que Dios maldijo a la serpiente, al hombre, a la mujer, a la tierra, a todo!

Y en el versículo quince, tenemos la primera mención de Jesús el Cristo en la Biblia.

Y pondré enemistad entre ti y la mujer, y entre tu simiente y su simiente; te herirá la cabeza, y le herirás el talón.

¡Las palabras "su simiente" están hablando nada menos que de Jesús mismo! Y las palabras "Él te herirá la cabeza, y tú herirás su talón" están diciendo que mientras Satanás puede finalmente matar a Jesús en una cruz (herir Su talón), ese mismo acto será lo mismo que lo matará (herirá tu cabeza). Qué interesante que el Espíritu Santo usara esas dos palabras para decirnos lo que iba a suceder. Lastimar el 'talón' de Jesús y herir la 'cabeza' de Satanás. 'Talón' habla de una herida de la que uno puede recuperarse (resurrección), mientras que 'cabeza' habla de fatalidad. ¡Una herida de la que no te recuperarás!

Capítulo VII

LAS PERSONAS AZULES TIENEN BEBÉS AZULES

Por "azul" quiero decir que dos personas espiritualmente muertas tienen bebés espiritualmente muertos. La muerte entró en la humanidad a través del hombre Adán y se transmite a todos los humanos a través de su simiente. *Por tanto, como por un hombre entró el pecado en el mundo, y la muerte por el pecado; y así pasó la muerte sobre todos los hombres, porque todos pecaron* (Romanos 5:12).

Los descendientes de Adán nacieron a su semejanza, porque leemos en Génesis 5:3 que Adán *engendró un hijo a su propia semejanza, y a su imagen.* En otras palabras, hombres y mujeres, espiritualmente muertos, separados de un Dios vivo.

Es por eso que digo que dos personas mortales, naturales, terrenales, azules (elija usted) procrean bebés azules. Todos los hombres nacidos de hombres son hijos de hombres hasta que nacen de nuevo y se convierten en hijos de Dios. (Juan 3:3-7) *3 Jesús respondió y le dijo: De cierto, de cierto te digo: El que no naciere de nuevo, no puede ver el reino de Dios. 4 Nicodemo le dijo: ¿Cómo puede un hombre nacer cuando es viejo? ¿Puede entrar por segunda vez en el vientre de su madre y nacer? 5 Jesús respondió: De cierto, de cierto te digo: El que no naciere de agua y del Espíritu, no puede entrar en el reino de Dios. 6 Lo que es nacido de la carne es carne; y lo que es nacido del Espíritu es espíritu. 7 No te maravilles de que te haya dicho: Es necesario que nazcas de nuevo.*

Entonces, Dios mira desde el cielo a los mortales hechos a Su semejanza después de la caída (cuando Adán comió) y dice *porque todos pecaron y están destituidos de la gloria de Dios* (Romanos 3:23) y en Romanos 3:10 Él dice: *Como está escrito: "No hay justo, ni uno"*.

Codificaré por colores estos versículos para ti. ¡No hay ninguno lleno de rojo, ni uno! ¡No hay ninguno que tenga rojo en ellos, porque todos son pecadores y son azules!

¡Tú y yo, mi amado, nacimos espiritualmente muertos! Nacimos con el veneno de Adán corriendo por nuestros cuerpos mortales. La muerte fue concebida en Adán y dio a luz en el momento en que Adán pecó. Acabamos de leer la escritura que dice: *"Por un hombre (Adán) el pecado entró en el mundo y la muerte por el pecado"*. (Romanos 5:12)

El padre de la muerte es pecado, y su abuelo es Satanás. Entonces, el día en que Adán cayó en tentación y pecó, ¡había un bebé que rebotaba nacido en la casa del diablo con el nombre de MUERTE!

No es de extrañar que la Biblia nos diga en 1 Juan 3:8 que el que comete pecado es del diablo; porque el diablo peca desde el principio. Para este propósito se manifestó el Hijo de Dios, para destruir las obras del diablo.

Por favor, comprendan que antes de que naciera la muerte, el mundo era perfecto. No había espinas, ni cardos, ni óxido, ni dolor, ni trabajo. El fruto de la tierra se rindió voluntariamente.

El cuerpo humano fue perfeccionado y fue creado para durar una eternidad en comunión con su Dios Creador. Somos la única criatura hecha a Su semejanza en el sentido de que somos una tricotomía. Somos un ser trino. Somos cuerpo, alma y espíritu.

Antes de la caída, nuestro espíritu estaba vivo y conectado (si se quiere) con el Espíritu de Dios. Pero la muerte cambió todo eso. El cuerpo humano comenzó a descomponerse y deteriorarse. El cuerpo de Adán comenzó a descomponerse en el instante en que comió del fruto prohibido. La muerte física tardó 930 años en seguir su curso a través del cuerpo de Adán.

La muerte se convirtió rápidamente en el depredador más fuerte sobre la faz de la tierra. No tardamos mucho en verlo salir a la superficie en Caín, quien golpea a su propio hermano, Abel, en un campo y lo deja allí para que la tierra le trague la sangre.

La muerte no tiene favoritos y no tiene prejuicios. Ataca a jóvenes, viejos, hombres, mujeres y niños por igual. No le importa la raza, la nacionalidad, el idioma, la posición o el estatus. Camina de un lado a otro en la tierra buscando a quién devorar.

De los millones de hombres y mujeres que han vivido en esta Tierra, sólo dos han escapado de sus garras: Enoc (Génesis 5:24) *Y Enoc caminó con Dios, y no estaba; porque Dios lo tomó,* y Elías (2 Reyes 2:11) *Y aconteció que, mientras seguían adelante, y hablaban, apareció un carro de fuego, y caballos de fuego, y los separó a ambos; y Elías subió por un torbellino al cielo.*

Por favor, sepan que hay una diferencia entre el SYN que heredamos de Adán y los SINS que cometemos.

Lo deletreamos SYN porque es a través del cromosoma 'Y' de Adán que lo recibimos. La razón por la que pecamos es porque tenemos el veneno de SYN en nosotros. ¡Lo llamamos SYN-NESENCE! En otras palabras, nuestros SINS conductuales se deben a nuestro SYN posicional.

No somos SYNNERS porque PECAMOS. ¡PETRAMOS porque somos SYNNERS! Y puesto que todos venimos de Adán, todos nacemos espiritualmente muertos, muriendo físicamente, y con el veneno de SYN corriendo a través de nuestros cuerpos mortales.

Es por esta razón que no podemos trabajar, comprar, ser lo suficientemente buenos, lo suficientemente religiosos, o posiblemente hacer cualquier cosa que cause que un Dios Perfecto, Santo, Justo permita que un hombre o mujer imperfecto, espiritualmente muerto, físicamente moribundo y decadente, entre en Su Reino Perfecto, ¡y mucho menos entre en Su Presencia Perfecta!

Capítulo VIII

EL SEGUNDO HOMBRE ... DIOS CON NOSOTROS

Romanos 6:23 dice... Porque la paga del pecado es muerte; *pero la dádiva de Dios es vida eterna por medio de Jesucristo nuestro Señor.*

Ahora sé que compartí este versículo un poco antes, pero quiero que noten especialmente la segunda mitad del versículo: *pero el don de Dios es la vida eterna a través de Cristo Jesús nuestro Señor.*

Dios había declarado que el pecado de Adán había traído la muerte a toda la humanidad. Recuerda, *no hay justos, no, ni uno.* (Romanos 3:10)

Entonces, alguien tenía que pagar la pena exigida por el Padre, que era la muerte. Adán no podía pagarlo; Adán estaba muerto. Necesitaba ser alguien con vida, tanto física como espiritualmente, y no se encontró uno en la tierra.

Lo mejor que Adam (o cualquiera de nosotros, para el caso) podría haber ofrecido fue el resto de su vida. Debido a que estaba espiritualmente muerto y físicamente moribundo, tenía una cita con la muerte. Podría haberle tomado 930 años morir, pero murió. *Y como está establecido que los hombres mueran una vez, pero después de esto el juicio.* (Hebreos 9:27)

"PERO" - hay esa hermosa palabra otra vez - pero entonces Dios interviene. Alrededor de cuatro mil años después, Dios escoge a una joven, una dama azul, llamada María. Rezo para que a estas alturas ya entiendas el sistema de color. Una vez más, por azul quiero decir espiritualmente muerto y físicamente moribundo. Les sugiero que María, como David en la antigüedad, tenía un corazón conforme al corazón de Dios.

Encontramos un hermoso relato de esto en Lucas 1:26-38.

²⁶ Y en el sexto mes el ángel Gabriel fue enviado por Dios a una ciudad de Galilea, llamada Nazaret, ²⁷ A una virgen desposada con un hombre cuyo nombre era José, de la casa de David; y el nombre de la virgen era María. ²⁸ Y el ángel vino a ella, y le dijo: Salve, tú que eres muy favorecida, el Señor está contigo; bendita eres tú entre las mujeres. ²⁹ Y cuando lo vio, se turbó por su dicho, y pensó en qué clase de saludo debería ser esto. ³⁰ Y el ángel le dijo: No temas, María, porque has hallado gracia ante Dios. ³¹ Y he aquí, concebirás en tu vientre, y darás a luz un hijo, y llamarás su nombre JESÚS. ³² Será grande, y será llamado Hijo del Altísimo, y el Señor Dios le dará el trono de su padre David: ³³ Y reinará sobre la casa de Jacob para siempre; y de su reino no habrá fin. ³⁴ Entonces dijo María al ángel: ¿Cómo será esto, ya que no conozco a un hombre? ³⁵ Respondiendo el ángel, le dijo: El Espíritu Santo vendrá sobre ti, y el poder del Altísimo te cubrirá con su sombra; por tanto, también la cosa santa que nazca de ti será llamada Hijo de Dios. ³⁶ Y he aquí, tu prima Elisabet, ella también ha concebido un hijo en su vejez: y este es el sexto mes con ella, que fue llamada estéril. ³⁷ Porque para Dios nada será imposible. ³⁸ Y María dijo: He aquí la sierva del Señor; hágase en mí según tu palabra. Y el ángel se apartó de ella.

Pero quiero centrarme en el versículo 38: *Entonces María dijo: He aquí la sierva del Señor; hágase en mí según tu palabra. Y el ángel se apartó de ella.*

En el mismo instante en que María dijo: "Hágase en mí según tu palabra", el Espíritu del Dios vivo la impregnó con su simiente. La simiente de Dios, cumpliendo la profecía que Dios le había dicho a la serpiente en el Jardín del Edén concerniente a la simiente de Eva

(Génesis 3:15) *Y pondré enemistad entre ti y la mujer, y entre tu simiente y su simiente; te herirá la cabeza, y herirás su talón.*

¡Y nueve meses después María dio a luz a Dios en la carne!

He aquí, una virgen estará embarazada, y dará a luz un hijo, y llamarán su nombre Emmanuel, que siendo interpretado es, Dios con nosotros. (Mateo 1:23)

María ciertamente tenía un corderito, ¡y su nombre es Jesús!

María va y visita a su prima Isabel en la región montañosa de Judá. El ángel Gabriel le había dicho a María que su prima también iba a tener un bebé en su vejez y que, de hecho, Isabel ya estaba embarazada de seis meses.

Por favor, sepan que el bebé que Elizabeth llevaba no era otro que Juan el Bautista, de quien el profeta Isaías había dicho que iba a ser una voz en el desierto y preparar el camino para Cristo (Isaías 40: 3) *La voz del que clama en el desierto, Preparad el camino del SEÑOR, haz recto en el desierto una carretera para nuestro* Dios.

¡Pero ahora mismo, quiero centrarme en algo simplemente increíble!

Leamos el versículo 44 del capítulo uno de Lucas. Ahora, por favor, sepan que aquí es cuando María ve por primera vez a su prima Isabel: *"Porque, he aquí, tan pronto como la voz de tu saludo sonó en mis oídos, **el niño saltó en mi vientre de alegría. !*** (énfasis mío).

¿Lo viste? ¿Notaste algo increíble? ¿Algo increíble? Algo que fue el primero en suceder.

Lee de nuevo el versículo 44: *"Porque, he aquí, tan pronto como la voz de tu saludo sonó en mis oídos, **el niño saltó en mi vientre de alegría.!*** (De nuevo, énfasis mío).

Esa, amados, es la primera mención de la adoración de Jesús como humano en la Biblia: ¡adoración intra-útero!

¡¡INCREÍBLE!!

María continúa cantando y alabando a su Dios. Léelo, amado, es hermoso. María podía cantar y alabar porque ya sabía lo que Dios estaba a punto de hacer: ¡sálvanos!

Pero me pregunto si alguna vez se dio cuenta de que el pequeño bebé que iba a tener era mayor que ella y de la misma edad que Su Padre. Que Dios la escogería para llevar la Palabra eterna en su vientre, y que a través de ella la Palabra se haría carne. Emmanuel, Dios con nosotros, Dios uno de nosotros, es demasiado para asimilar ahora. Solo puedo imaginar lo que debe haber pensado y sentido. ¡Dios mío!

¿Y quieres saber algo increíble? Dios también nos ha escogido a ti y a mí para ese mismo propósito. Nuestros cuerpos fueron creados especialmente para ser una morada para Dios.

Bueno, ese pequeño bebé resultó ser el último Adán de 1 Corintios 15:45-49. *45 Y así está escrito: El primer hombre Adán fue hecho alma viviente; el último Adán fue hecho espíritu vivificador. 46 Sin embargo, eso no fue primero lo que es espiritual, sino lo que es natural; y después lo que es espiritual. 47 El primer hombre es de la tierra, terrenal; el segundo hombre es el Señor del cielo. 48 Como es lo terrenal, tales son también los que son terrenales; y como es lo celestial, tales son también los que son celestiales. 49 Y así como hemos llevado la imagen de lo terrenal, también llevaremos la imagen de lo celestial.*

El libro de Rut habla de Él como el Pariente Redentor. Jesús es la ÚNICA persona que podría haber redimido a Adán, ¡porque nunca hubo otro Adán en la Tierra hasta Jesús!

Tenía que ser un pariente, un miembro de la familia. Y en la caída, el Adamita puro (hombre vivo con el Espíritu de Dios en él) como Dios lo creó se extinguió en la Tierra; no se encontró a Adams. No hay pariente redentor. Por lo tanto, Dios tuvo que convertirse en un Adán para poder redimir a Adán.

Solo ha habido dos hombres llenos de rojo que alguna vez caminaron por esta tierra. El primero y el último Adams. Entonces, cuando el primer Adán murió y necesitó redención, solo el segundo y último Adán podría haberlo redimido. Cuando el primer Adán perdió su rojo, no había otro humano que tuviera rojo para darle. Entonces, un Dios rojo del Cielo tuvo que tomar la forma de un hombre azul de la Tierra y pagar por el error que cometió el primer hombre lleno de rojo, para que Él pudiera ofrecer rojo a cualquier persona azul que lo recibiera.

Bastante simple, ¿eh? ¡Eso creo!

5 ¡Quién es semejante al SEÑOR nuestro Dios, que habita en lo alto, 6 que se humilla para contemplar las cosas que están en el cielo y en la tierra! (Salmo 113:5-6)

Grande es el Señor, y grandemente digno de alabanza; y su grandeza es inescrutable. (Salmo 145:3)

Pero, de nuevo, ¿cómo se podía esperar que explicara tal ser? ¿Cómo puedo describir lo indescriptible?

Es por eso que el pecado de idolatría es una abominación para Dios. Es por eso que le dijo a Moisés en Éxodo 20:4: *No te harás ninguna imagen esculpida, ni ninguna semejanza de nada que esté en el cielo arriba, o que esté en la tierra abajo, o que esté en el agua debajo de la tierra.*

Piénsalo. ¿Qué medidas usarías? ¿Cómo podrías medir lo inconmensurable? También puede intentar poner una tapa Tupperware sobre el Gran Cañón.

Amados, el hambre oculta de la vida es Jesús, y algunos están demasiado ciegos para verlo. Él es la gran necesidad del corazón humano. ¡La creación misma gime por Él! (Romanos 8:18-23) *18 Porque creo que los sufrimientos de este tiempo presente no son dignos de ser comparados con la gloria que se revelará en nosotros. 19 Porque la ferviente expectativa de la criatura espera la manifestación de los hijos de Dios. 20 Porque la criatura fue sometida a vanidad, no voluntariamente, sino por causa de aquel que la ha sometido con esperanza, [21] Porque la criatura misma también será liberada de la esclavitud de la corrupción a la gloriosa libertad de los hijos de Dios. [22] Porque sabemos que toda la creación gime y sufre de dolor juntos hasta ahora. [23] Y no sólo ellos, sino también nosotros mismos, que tenemos las primicias del Espíritu, incluso nosotros mismos gemimos dentro de nosotros mismos, esperando la adopción, a saber, la redención de nuestro cuerpo.*

Hay una canción que dice algo así: ¡Mi esperanza se basa en nada menos que Jesucristo y la justicia!

¡Y nuestra esperanza es Dios, que se vistió de carne humana y se convirtió en Emanuel ('Dios con nosotros') en la persona del Señor Jesucristo! De un reino a una cruz, de la majestad a la miseria, de un trono a un árbol.

¿Estás entendiendo esto?

Aquel que creó todo lo que alguna vez ha sido creado *Todas las cosas fueron hechas por él; y sin él no se hizo nada de lo que fue hecho* (Juan 1: 3), *Porque por él fueron creadas todas las cosas, que están en el cielo, y que están en la tierra, visibles e invisibles, ya sean tronos, o dominios, o principados, o potestades: todas las cosas fueron creadas por él, y para él:* (Colosenses 1:16), y en quien TODAS LAS COSAS CONSISTEN, *Y él es antes de todas las cosas, y por él consisten todas las cosas.* (Colosenses 1:17), ¡ahora depende de la misma criatura que Él creó!

El libro de Hebreos lo expresa de esta manera: *Quien siendo el resplandor de su gloria, y la imagen expresa de su persona, y sosteniendo todas las cosas por la palabra de su poder, cuando él mismo había purgado nuestros pecados, se sentó a la diestra de la Majestad en lo alto:* (Hebreos 1: 3).

Había muchos niños en ese momento llamados Jesús. ¡Pero solo había uno que podía llamarse *'Emmanuel'*!

Porque un niño nos nacerá (nació en un establo en Belén). *Un hijo nos será dado* (Él fue dado en la cruz) Isaías 9:6.

Si Adán hubiera necesitado información, Dios le habría enviado un maestro. Pero necesitaba un Redentor, así que Dios mismo vino.

CAPÍTULO IX

DOS JARDINES

Recuerda que te dije que la Biblia condensada, es la historia de dos (el primero y el último) Adams, dos jardines (Edén y Getsemaní), y dos... bueno, te contaré más sobre eso más adelante.

Mateo nos da un relato detallado de la última noche que Jesús pasó con sus discípulos. Él les había instruido sobre qué hacer y dónde iban a participar de la cena de la Pascua, o lo que a menudo se conoce como "la Última Cena" (Mateo 26: 17-19) *17 Ahora, el primer día de la fiesta de los panes sin levadura, los discípulos vinieron a Jesús, diciéndole: ¿Dónde querrás que preparemos para que comas la Pascua? 18 Y él dijo: Ve a la ciudad a tal hombre, y dile: El Maestro dice: Mi tiempo se ha acercado; Guardaré la Pascua en tu casa con mis discípulos. 19 E hicieron los discípulos lo que Jesús les había designado; y prepararon la Pascua.*

Como sabrás, la Pascua (Pesah o Pesaj en hebreo) es una fiesta judía que conmemora cuando los hebreos fueron liberados de la esclavitud en Egipto. El Señor iba a enviar una última plaga sobre Egipto, y esta iba a incluir también a los judíos.

El Señor había instruido a Moisés que le dijera al pueblo de Israel qué hacer para sobrevivir a la plaga. Cada hogar debía tomar un cordero macho de un año sin mancha, cuidarlo durante cuatro días, luego al crepúsculo del día catorce de ese mes matar el cordero, tomar un poco de la sangre y ponerla en los dos lados de la puerta de la casa y en la parte superior.

Además, les instruyó a asar el cordero y comerlo con pan sin levadura y con hierbas amargas. Nada de eso debería permanecer, pero si algunos lo hacían, debían quemarlo. También se les indicó que lo comieran rápidamente, vestidos y listos para partir.

El Señor iba a pasar por la tierra de Egipto esa noche, si cuando pasara, no viera la sangre del cordero en el poste de la puerta, mataría al primogénito tanto del hombre como de la bestia de la familia dentro. Si viera la sangre, pasaría por encima y perdonaría a la familia (Éxodo 12:1-14) 1 Y JEHOVÁ habló a Moisés y a Aarón en la tierra de Egipto diciendo: *2 Este mes os será el principio de los meses; será el primer mes del año para vosotros. 3 Hablad a toda la congregación de Israel, diciendo: En el décimo día de este mes les tomarán a cada hombre un cordero, según la casa de sus padres, un cordero por casa: 4 Y si la casa es demasiado pequeña para el cordero, que él y su prójimo al lado de su casa lo tomen según el número de las almas; todo hombre, según su comida, hará tu cuenta para el cordero. 5 Tu cordero será sin mancha, varón del primer año: lo sacarás de las ovejas o de las cabras: 6 Y lo guardaréis hasta el día catorce del mismo mes; y toda la asamblea de la congregación de Israel lo matará por la noche. 7 Y tomarán de la sangre, y la golpearán en los dos postes laterales y en el poste superior de la puerta de las casas, donde la comerán. 8 Y comerán la carne en aquella noche, asada con fuego y pan sin levadura; y con hierbas amargas la comerán. 9 No comáis crudo, ni empapados en absoluto con agua, sino asados con fuego; su cabeza con sus piernas, y con el purtenio de ellas. 10 Y no dejaréis que nada de ella permanezca hasta la mañana; y lo que quede de ella hasta la mañana arderéis con fuego. 11 Y así lo comeréis; con vuestros lomos ceñidos, vuestros zapatos en los pies y el bastón en la mano; y lo comeréis apresuradamente: es la pascua del SEÑOR. 12 Porque pasaré por la tierra de Egipto esta noche, y heriré a todos los primogénitos en la tierra de Egipto, tanto hombres como bestias; y contra todos los dioses de Egipto ejecutaré juicio: Yo soy el SEÑOR. 13 Y la sangre será para vosotros como señal sobre las casas donde estáis; y cuando vea la sangre, pasaré sobre vosotros, y la plaga no estará sobre vosotros para destruiros, cuando hiera la tierra de Egipto.* [14] *Y este día os será conmemorativo; y lo celebraréis como fiesta para el SEÑOR a través de vuestras generaciones; lo celebraréis como fiesta por ordenanza para siempre.*

¡Qué hermosa imagen de Dios viendo la sangre de Su Cordero (Jesús) en los postes de las puertas de nuestros corazones, pasando y salvándonos de la muerte! (Juan 1:29) *Al día siguiente, Juan ve a Jesús venir a él, y dice: He aquí el Cordero de Dios, que quita el pecado del mundo.*

Solo podemos imaginar lo que estaba pasando por la mente de Jesús mientras estaba sentado allí teniendo esta última comida con sus discípulos elegidos, sabiendo que ninguno de ellos entendía realmente, y que uno de ellos negaría que incluso lo conociera, tres veces, y no solo eso, sino que uno de ellos iba a traicionarlo y venderlo como uno vendería ganado. Sin mencionar, saber lo que estaba a punto de sucederle en unas pocas horas, y el tipo de muerte que le esperaba.

Amados, es difícil creer que Él incluso llegó al jardín. Usted pensaría que Él habría renunciado al fantasma sólo por eso.

En un último intento de enseñarles y decirles lo que iba a suceder, Él toma el pan y lo bendice. Él les dice que el pan es Su cuerpo que sería partido por ellos. Ojalá tuviera el poder de regresar y simplemente mirar sus caras cuando Jesús les estaba diciendo esto. Me pregunto si sintieron que Él estaba pasando por algo. Me pregunto si entendieron lo desconsolado que estaba. Me pregunto si Él estaba visiblemente temblando a través de todo eso. ¡Me pregunto!

Después de haber comido, él toma la copa, la bendice y les dice que la copa es la copa del Nuevo Testamento, Su sangre que sería derramada por sus pecados y los pecados del mundo. Que cada vez que comían de esa comida, cada vez que comían ese pan y bebían esa copa, lo recordarían hasta que Él regresara (1 Corintios 11: 23-26) [23] *Porque he recibido del Señor lo que también os entregué, que el Señor Jesús la misma noche en que* *fue traicionado tomó pan: ²⁴ Y cuando hubo dado gracias, lo rompió, y dijo: Tomad, comed: este es mi cuerpo, que está partido por vosotros; esto haced en memoria mía. ²⁵ De la misma manera, también tomó la copa, cuando había bebido, diciendo: Esta copa es el Nuevo Testamento en mi sangre: esto haces, tan a menudo como la bebes, en memoria mía. ²⁶ Porque cuantas veces comáis este pan y bebáis esta copa, manifestáis la muerte del Señor hasta que venga.*

Luego mira a su traidor, Judas, y le dice que haga lo que tenía que hacer rápidamente, (Juan 13:27) *Y después de la concesión Satanás entró en él. Entonces Jesús le dijo: Que lo hagas, hazlo pronto. Y partieron a Getsemaní.*

No es casualidad que Jesús fuera al Huerto de Getsemaní en el Monte de los Olivos. "Getsemaní" significa "prensa de aceite".

Creo que fue Alejandro Magno, al mirar el Valle de Meguido, quien dijo que era el mayor campo de batalla que jamás había visto. Y sabemos que la Batalla de Armagedón se librará allí. Pero, amado, créanme cuando les digo que las dos mayores "batallas" de la historia se libraron en jardines.

Mientras pensaba en el PRIMER Adán en el primer jardín, noté algo que nunca antes había notado. Noté que la Biblia nunca dice que Adán estaba solo, sino que Dios dijo que no era bueno para él estar solo.

Dios estaba, en esencia, diciendo, que para que lo entendamos, debemos entender las relaciones, y no podemos entender las relaciones a menos que tengamos a alguien con quien relacionarnos.

Dios se acercó y tomó una parte de Adán para hacer de Eva, la suma de Su creación terrenal, que iba a traer nuevos al mundo.

El Jardín del Edén fue el lugar de la primera batalla de la humanidad. ¡Y allí Adán vio algo tan hermoso y especial en Eva que la eligió sobre su propia vida! No resistió la tentación y eligió su voluntad sobre la voluntad del Padre.

En el Jardín de Getsemaní, el SEGUNDO Adán, Jesucristo, vio algo tan hermoso y especial en nosotros que nos eligió sobre Su propia muerte. Él escogió la voluntad del Padre sobre Su propia voluntad (humana).

Amados, el dolor, la guerra, estaba en la cruz, pero la batalla se libró en el jardín.

Así como la decisión de Adán en el Edén afectó a todos los que están relacionados con Adán en la muerte, así la decisión de Cristo en Getsemaní afecta a todos los que están relacionados con Él en la vida. ¡No podrías obtener una imagen más clara del amor que el Jardín de Getsemaní!

El domingo anterior, cuando entró en Jerusalén montado en un pollino, miles cantaban: "¡Hosanna! ¡Bendito sea el Rey de Israel que viene en el nombre del Señor!" Y Jesús aceptó sus alabanzas, sabiendo que antes del final de la semana, estas mismas personas estarían pidiendo su muerte.

El lunes, Jesús, lleno de justa indignación, entra en el templo y se enfrenta a aquellos que habían convertido la casa de su Padre en un lugar de negocios. Con un látigo hecho a mano, expulsó a los mercaderes y volcó las mesas (Mateo 21:12) *Y Jesús entró en el templo de Dios, y echó fuera a todos los que vendían y compraban en el templo, y derribó las mesas de los cambistas, y los asientos de los que vendían palomas.*

El martes, mientras le daba a la gente algunos destellos finales del Reino de Dios antes de Su sufrimiento, Sus enemigos se acercaron. "¿Quién te crees que eres? ¿Con qué autoridad estás haciendo estas cosas?" Las personas que deberían haberlo conocido, que por años de estudio deberían haberlo reconocido y acogido, trataron de atraparlo. Y antes de que terminara la semana, emitirían sus votos para que lo mataran.

El miércoles, uno de sus amigos cercanos que había caminado con él durante tres años y llegó a conocer su corazón lo traicionó y lo vendió como ganado a sus enemigos. No por alguna diferencia ideológica. No porque vio o escuchó a nuestro Señor hacer o decir algo malo. Ni siquiera los enemigos de Cristo pudieron hacer eso (Lucas 23: 4) *Entonces dijo Pilato a los principales sacerdotes y al pueblo: No encuentro ninguna falta en este hombre. Y se asombraron de su doctrina: porque él les enseñó como alguien que tenía autoridad, y no como los escribas* (Marcos 1:22).

No, esta traición fue por dinero. Por 30 piezas de plata, el precio de un esclavo común.

El jueves por la noche, Jesús tuvo una última comida con sus discípulos. Tuvo una última noche, una última vez para tratar de enseñar a sus seguidores, a sus amigos. Una última noche para prepararlos para lo que venía. Sabía que eran débiles. Sabía que todos ellos se dispersarían. Sabía que Pedro, su amigo más cercano, negaría tres veces que lo conocía.

Observó cómo Judas dejaba la mesa y supo que en unas pocas horas regresaría con soldados para arrestarlo. Él sabía que, a pesar de todos sus esfuerzos, Sus discípulos no entendían el significado de esta noche.

Él sabía que aunque estaban con Él corporalmente, Él estaba muy solo. Y en esta soledad absoluta, con un corazón que estaba a punto de explotar de dolor, Jesús entró en el Jardín de Getsemaní.

CAPÍTULO X

EL DILEMA DEL ÚLTIMO ADÁN

¡Dios mío! Oro para que al leer esta parte, el Espíritu Santo le permita comprender, aunque sea un poco, la seriedad, lo sagrado, la importancia, el dolor y, especialmente, el dilema, tanto espiritual como físicamente, que nuestro Señor experimentó mientras luchaba en la batalla más grande jamás peleada en el planeta Tierra.

*Entonces les dijo: **"Mi alma está sumamente triste, hasta la muerte: quédate aquí y vela conmigo.*** (Mateo 26:38) (énfasis mío)

Recuerdo que este versículo pasó por mi mente el día en que fui declarado culpable. Había rechazado varias ofertas del Fiscal de Distrito en Miami, siendo las últimas cuatro años en las viejas pautas por las cuales habría tenido que servir tal vez dos. Por favor, tengan en cuenta que me enfrentaba (según ellos) 250 años de prisión.

Ni por un segundo pensé que Dios permitiría que me separaran de mi familia por algo que no hice. Ya había cumplido cinco años de libertad condicional por contrabandear marihuana a este país. Ya me había arrepentido y consagrado mi vida a Él. Ya había comenzado Warriors for Christ Ministries en Franklin, Carolina del Norte. Estaba empezando a tener compromisos de hablar para predicar.

Así que NUNCA se me pasó por la mente el pensamiento de que mi Dios, mi Salvador, mi Amigo y Pastor me permitiría ser declarado culpable de algo de lo que era inocente. Nunca había traído cocaína con Pablo Escobar.

Cuando escuché la palabra CULPABLE, mi corazón casi se detuvo. Sentí que mi alma intentaba abandonar mi cuerpo. Esto no es una metáfora o un "se sintió como" o "fue casi como si". No, mi alma trató de abandonar mi cuerpo. ¡Casi muero de pie!

En un instante, varias cosas pasaron por mi mente. La primera fue, y le dije a Dios esto: "¡Eres una mentira! ¡No eres real! ¡He desperdiciado todos estos años!"

(Miren mi testimonio y obtendrán toda la historia. Tal vez algún día escriba otro libro sobre eso).

Estaba entumecido. No quería darme la vuelta y mirar a mi esposa o a mi padre y mi madre que estaban allí ese día.

Otra cosa que pasó por mi mente fue que iba a cometer 'suicidio por recluso', que no había manera de que fuera a vivir sin mi esposa e hijos.

Entonces las palabras que Jesús les dijo a sus discípulos en el jardín pasaron por mi mente: *"Mi alma está muy triste, hasta la muerte"*. Y le pregunté al Señor, a quien acababa de renunciar: "¿Estoy aprovechando lo que Jesús pasó en el jardín? ¿Es esto una pequeña muestra de lo que Él sintió? ¿Estoy aprovechando eso?"

Me di la vuelta, miré a Patty, mi esposa, que estaba tan entumecida como yo, levantó mi dedo índice al cielo como diciendo: "Él tiene el control". Pero puedo decirles ahora, que en ese momento, ¡no fue fe, fue instinto! Quería animar de alguna manera a Patty.

Pero basta de eso. Sigamos.

Mateo 26:39 nos da una idea de su increíble dilema: *Y fue un poco más lejos, y cayó sobre su rostro, y oró, diciendo: Oh Padre mío, si es posible, pase de mí esta copa; sin embargo, no como yo quiero, sino como tú quieres.*

Oh Padre mío, si es posible, deja que esta copa pase de mí. ¡Uau! Cada vez que digo este versículo o lo leo, puedo escuchar a Ted Neeley, el hombre que interpretó a Jesús en el musical Jesucristo Superstar de 1973, cantar esas palabras al Padre en el Jardín de Getsemaní. ¡Uau!

Jesús estaba tan herido, oró tanto y estaba pasando por tal dolor y angustia, que Lucas 22:44 dice que su sudor se convirtió en gotas de sangre. *Y estando en agonía, oró más fervientemente: y su sudor era como grandes gotas de sangre cayendo al suelo.*

Cuán profunda debe haber sido la oscuridad para Jesús esa noche mientras peleaba la batalla final entre Su humanidad y Su deidad, entre el azul y el rojo.

¿Alguna vez has visto una mayor demostración tanto de la debilidad de la carne como del amor de Dios combinados?

Se fue de nuevo por segunda vez, y oró, diciendo: Oh Padre mío, si esta copa no pasa de mí, si no la bebo, hágase tu voluntad. (Mateo 26:42)

Él estaba, en esencia, preguntándole a Su Padre, *si había alguna otra manera en que ellos (los humanos) pueden unirse a nosotros, ser uno con nosotros, salvos, redimidos, sin que yo tenga que morir. Si no es mi Padre, ¡Hágase Tu voluntad, no la mía!*

Judas, que había caminado con Jesús durante tres años y había visto todo lo que los otros discípulos habían visto, pero cuyo corazón estaba lejos de Dios, se acerca a Dios y lo traiciona con un beso. Pedro, Santiago y Juan estaban allí, pero eran ajenos a la batalla.

Al igual que el primer Adán, el último Adán se encuentra en un dilema increíble. Si como, muero. ¡Si no como, permaneceré solo!

Entonces, Él nos miró, miró a Dios, y preguntó: *Padre, ¿hay alguna otra manera en que Conrado (Pon tu nombre aquí) pueda estar con nosotros, si no bebo de esta amarga copa? Entonces miró a Dios y dijo: Sin embargo, no se haga mi voluntad, sino la tuya.* Lucas 22:42.

Como dije: dos jardines, dos dilemas, dos novias, dos decisiones.

En el jardín de Getsemaní, vemos la mayor prueba de ese desafío lanzado a Jesús en la cruz. "¿No eres tú el Cristo? ¡Sálvate a ti mismo y a nosotros!"

Y ahí radica la agonía de esa noche. Él no podía salvar a otros y a sí mismo. ¡Eso era imposible! Aquí, en esta "prensa de aceite" de la sombra del jardín, tuvo lugar la culminación de todo lo que iba a sufrir, y la realidad de la cruz finalmente tomó forma.

Sin embargo, Él se arrodilla y ora: *"No se haga mi voluntad, sino la tuya"*. Su corazón se rompió por una creación rota; por una criatura enloquecida; por la humanidad enloquecida.

La batalla de Getsemaní fue el comienzo de tres días que sacudirán los cimientos del Cielo y la Tierra en las sombras de la cruz.

¡Y así, Él entregó Su vida a los mortales para que hicieran lo que quisieran! Y lo arrastraron delante de los principales sacerdotes, y capitanes del templo, y los ancianos, todos cegados por su religión.

Sus ojos estaban tan ciegos que en lugar de ver al Cristo, vieron a un criminal; en lugar de ver a un maestro, vieron a un traidor; En lugar de ver a un sacerdote, vieron a un perpetrador, un blasfemo. Tan cegados por sus reglas y religión que rechazaron a Aquel que había venido a salvarlos. Tan cegados en sus corazones que se pierden por completo todo lo que habían estado buscando tan diligentemente. ¡Los que buscaron y esperaron, y buscaron y esperaron, perdieron su día de visita!

Y te pondrá, aun con la tierra, y tus hijos dentro de ti; y no dejarán en ti piedra sobre piedra; porque no conocías el tiempo de tu visitación. (Lucas 19:44)

Extrañaron a Aquel que no cumplíacon toda su búsqueda religiosa y la respuesta a todas sus oraciones. Luego, después de burlarse, golpear, golpear y divertirse, coronaron al Rey de Reyes con una corona hecha de espinas, y lo llevaron a los romanos que lo golpearon hasta la muerte y lo llevaron a la cruz.

Capítulo XI

La Cruz

En el primer jardín (Edén), el primer Adán murió por su novia, Eva. En el segundo jardín (Getsemaní), el segundo Adán murió por su novia, la Iglesia.

Dios tomó al primer Adán, lo puso a dormir en el suelo, le hizo un agujero en el costado y sacó a su novia, Eva. Cuatro mil años después, Dios tomó al segundo Adán (Jesús), lo puso a dormir en una cruz, atravesó Su costado y sacó a Su novia, ¡la Iglesia!

Y lo crucificaron.

Y alrededor de la novena hora, Jesús gritó a gran voz, diciendo: Eli, Eli, lama sabachthani? es decir, Dios mío, Dios mío, ¿por qué me has abandonado? (Mateo 27:46)

Dios abandonado por Dios. Una crucifixión dentro de una crucifixión. ¿Quién puede entender eso?

Aquí está Dios, el Creador del Universo, suspendido en algún lugar entre el Cielo y la Tierra sin hogar en ninguno de los dos, llevando sobre Sí el pecado de todo el mundo. Aquí el sin pecado se encontró completamente solo por primera vez en la eternidad.

¡Abandonados tanto por los hombres como por Dios!

Déjame repetirlo de nuevo en caso de que te lo hayas perdido: ¡Dios abandonado por Dios! ¡Por primera vez en la eternidad, el Verbo (Jesús) fue separado del Padre!

Dios el Padre le dio la espalda. En Su Santidad, Él no podía soportar ver el sins de Adán y el mundo en Su Hijo.

Y cuando lo hizo, ¡oscureció en la Tierra! Ahora bien, desde la hora sexta hubo oscuridad sobre toda la tierra hasta la hora novena. (Mateo 27:45)

Amados, créanme cuando les digo que cuando Dios aparta Su rostro de la Tierra, ¡oscurece!

Tiendo a pensar que Él también pudo haber apagado las luces en la Tierra por Su amor por María. Para que ella, a quien Él le había confiado criar a Su único Hijo, no viera el alcance completo de lo que los hombres habían hecho y estaban haciendo a su hijo.

Y cuando Jesús hubo clamado a gran voz, dijo: Padre, en tus manos encomiendo mi espíritu; y habiendo dicho esto, entregó el espíritu. (Lucas 23:46)

En las manos del Dios que acababa de abandonarlo. En las manos que sostuvieron Sus manos desde la eternidad pasada hasta el día de hoy. En las manos de Aquel que pocos días antes se le oyó decir: *"Este es Mi Hijo, en quien tengo complacencia"*. En esas manos, Él encomendó Su espíritu.

Y amados, ¡es en esas manos que también debemos encomendar nuestras vidas!

Estas son las últimas palabras de Jesús según Lucas. Y luego murió.

En esa primera Navidad, Dios no puso Su regalo debajo del árbol. ¡Lo colgó en el árbol!

Luego fue enterrado en la tumba prestada de José de Arimatea (Lucas 23:50-53) *50 Y, he aquí, había un hombre llamado José, un consejero; y era un hombre bueno, y justo:* [51] *(El mismo no había consentido en el consejo y la obra de ellos;) era de Arimatea, una ciudad de los judíos: que también él mismo esperaba el reino de Dios.* [52] *Este hombre fue a Pilato y le rogó el cuerpo de Jesús.* [53] *Y lo bajó, y lo envolvió en lino, y lo puso en un sepulcro que estaba tallado en piedra, en el que nunca antes se había puesto el hombre.*

Cuando Jesús clamó: "Consumado es", Satanás oyó que los cimientos bajo su reino comenzaban a resquebrajarse. Tres días después, cuando Jesús resucitó de entre los muertos, Satanás fue testigo de la destrucción de cada uno de sus planes y esquemas. Vio su poder roto y él mismo juzgado. ¡Fue derrotado para siempre por el Señor Jesús!

Y Colosenses 2:15 dice... *Y habiendo echado a perder principados y potestades, hizo una demostración de ellos abiertamente, triunfando sobre ellos en ella.*

En ese día, Dios le dio a la humanidad el único camino, la única verdad y la única vida: Jesucristo.

Fue enterrado. Pero, amados, *el llanto puede durar una noche, pero el gozo viene por la mañana.* (Salmos 30:5)

Capítulo XII

¡Está Vivo!

A *hora, el primer día de la semana...* (Lucas 24:1)

Este fue el día en que el Reino de la Muerte fue embargado. ¡Adán y todos los nacidos de Adán fueron redimidos! ¡Este fue el día en que la muerte murió y el infierno fue vencido!

Y encontraron la piedra rodada lejos del sepulcro. (Lucas 24:2)

¡No para dejar salir a Jesús, sino para dejarnos entrar!

¡Él no está aquí, sino que ha resucitado! (Lucas 24:6)

¡Y ahí, amados, está nuestra esperanza! Hubo muchos hombres crucificados en el tiempo de Jesús. ¡Incluso podría haber habido algunos con el nombre de Jesús! Pero SÓLO UNO resucitó de entre los muertos. SÓLO UNO estaba sin pecado. ¡SÓLO UNO era y es el CRISTO! Emanuel, Dios con nosotros.

En Apocalipsis 1:18, Jesús mismo dijo: *"Yo soy el que vive y estaba muerto; y, he aquí, estoy vivo para siempre... y ten las llaves del infierno y de la muerte".*

Dios envió un mensajero angelical con las buenas nuevas de que Jesús estaba vivo de entre los muertos (Mateo 28:1-7) 1 Al final del sábado, cuando comenzó a amanecer hacia el primer día de la semana, vinieron María Magdalena y la otra María a ver el sepulcro. *² Y he aquí, hubo un gran terremoto, porque el ángel del Señor descendió del cielo, y vino y quitó la piedra de la puerta, y se sentó sobre ella. ³ Su semblante era como un rayo, y su vestimenta blanca como la nieve: ⁴ Y por temor a él, los guardianes temblaron, y llegaron a ser como hombres muertos. ⁵Respondiendo el ángel, dijo a las mujeres: No temáis, porque sé que buscáis a Jesús, que fue crucificado. ⁶ Él no está aquí, porque ha resucitado, como él dijo. Vengan, vean el lugar donde yacía el Señor. ⁷ Y id pronto, y decid a sus discípulos que ha resucitado de entre los muertos; y he aquí, va delante de vosotros a Galilea; allí lo veréis: he aquí, os lo he dicho.*

¡Nunca el mundo ha escuchado un mensaje como ese! Todavía reverbera a través de los pasillos del tiempo y lo hará por toda la eternidad. ¡Está vivo!

Capítulo XIII

ES GRATIS

Para nosotros, a 2.000 años de la resurrección, el mensaje no ha cambiado. Todavía necesitamos escuchar las buenas nuevas de que Jesús ha resucitado de entre los muertos. ¡Él está vivo hoy y hay esperanza para mañana!

"Por tanto, también puede salvarlos hasta lo sumo que vienen a Dios por él, viendo que siempre vive para interceder por ellos". (Hebreos 7:25)

Pero Dios encomienda su amor hacia nosotros, en que, siendo aún pecadores, Cristo murió por nosotros. (Romanos 5:8)

¿Quién es Jesús para ti? Es una pregunta que debe ser enfrentada por cada persona.

Jesús se lo planteó a sus discípulos: "¿Quién decís que soy yo?" (Mateo 16:15)

Pedro tenía la respuesta correcta. ¿Y tú?

Otra pregunta que necesita ser hecha y respondida es la que hizo Pilato en Mateo 27:22: *"¿Qué haré, pues, con Jesús, que se llama Cristo?"*

¿Cuál es su respuesta a estas importantes preguntas hoy?

Uno de estos días, la tumba tendrá que renunciar al cuerpo que ha sido colocado allí y ese cuerpo será cambiado para siempre en uno como el usado por nuestro Salvador, el Señor Jesucristo. Un cuerpo púrpura (lo explicaré más adelante) que será resucitado de entre los muertos, glorificado y llevado al Cielo.

Amados, ¡el nacimiento, la vida, la muerte y la resurrección de Jesús significan poco o nada si Él no ha nacido en nuestros corazones!

Él murió para que podamos vivir. Él bajó para que subiéramos. Dios vino a estar con los hombres para que los hombres puedan ir y estar con Dios. De hecho, Él está preparando una habitación para nosotros en la casa de Su Padre, y pronto vendrá a llevarnos allí (Juan 14: 2) *En la casa de mi Padre hay muchas mansiones: si no fuera así, te lo habría dicho. Voy a preparar un lugar para ti.*

¿Lo has recibido?

No estoy preguntando si crees en Él. Los demonios creen, y tiemblan (Santiago 2:19) *Tú crees que hay un solo Dios; tú haces bien: los demonios también creen, y tiemblan.*

¿Lo has recibido ?

Pero a todos los que lo recibieron, les dio poder para convertirse en hijos de Dios, incluso a los que creen en su nombre. (Juan 1:12)

Déjame codificar por colores y traducir este versículo para ti ... *Pero como muchos (gente azul) que recibieron Su (Espíritu rojo) a ellos, Él les da el poder de convertirse en Sus hijos, incluso a los que creen en Su nombre.*

La Biblia dice en Romanos 10:9-10, *Que si confiesas con tu boca al Señor Jesús, y crees en tu corazón que Dios lo ha levantado de entre los muertos, serás salvo. Porque con el corazón el hombre cree para justicia; y con la boca se confiesa para salvación.*

Amados, ahora mismo, si así lo desean, ¡SABEN que tienen VIDA ETERNA con CRISTO!

Di esta oración y diélala, no sólo con tu boca sino con tu corazón. ¡Porque no todos los que *profesan* a Cristo *poseen* a Cristo!

Padre, soy un pecador. Confieso con mi boca que Jesús, tu Hijo, es Dios. Se hizo hombre, caminó con los hombres, fue crucificado, sepultado, y creo en mi corazón que tres días después resucitó de entre los muertos y está sentado a tu diestra. Y ahora mismo, quiero recibirlo como mi Salvador y quiero hacerlo Señor de mi vida. Gracias por dar tu vida por mí. En el nombre de Jesús, ¡AMÉN!

Si hiciste eso y realmente lo dijiste en serio, eres una nueva criatura (2 Corintios 5:17) *Por lo tanto, si alguno está en Cristo, es una nueva criatura: las cosas viejas pasan; he aquí, todas las cosas se vuelven nuevas.*

Y ahora, tú, como el hermano Pablo, puedes decir: *Oh muerte, ¿dónde está tu aguijón? Oh tumba, ¿dónde está tu victoria? El aguijón de la muerte es pecado; Y la fuerza del pecado es la ley. Pero gracias a Dios, que nos da la victoria por medio de nuestro Señor Jesucristo.* (1 Corintios 15:55-57)

Capítulo XIV

Bautismo (azul y rojo)

Ahora, antes de entrar en el bautismo, les voy a pedir que tengan paciencia conmigo y permítanme reiterar algunas cosas que ya he mencionado. ¡Creo que son así de importantes!

Rezo para que después de leer este libro, tengan una mejor comprensión de lo que realmente sucedió en ambos jardines, el Jardín de Getsemaní y el Jardín del Edén, y el dilema de los Adams.

Recuerda que Jesús era 100% Dios y 100% hombre. Dejó Su Gloria en el Cielo, se sometió al Padre y tomó la forma de un hombre. Jesús vino a hacer la voluntad del Padre (Juan 6:38) *Porque yo bajé del cielo, no para hacer mi voluntad, sino la voluntad del que me envió.*

Entonces respondió Jesús y les dijo: De cierto, de cierto os digo: El Hijo no puede hacer nada por sí mismo, sino lo que ve hacer al Padre: porque todas las cosas que hace, éstas también las hace el Hijo. (Juan 5:19)

¿Podría haber un versículo más claro que nos diga que Él y el Padre son UNO?

Por favor, recuerde que Jesús era SINLESS. Por lo tanto, ¡Él no PECÓ! Podría haberlo hecho, pero no lo hizo. Él podría haber elegido hacer algo diferente de lo que el Padre le había pedido.

Por ejemplo, si el Padre le hubiera preguntado: "Hijo, quiero que vayas a Cafarnaúm hoy", y si Él hubiera dicho: "Hoy no, Padre, iré en otro momento", ¡eso solo lo habría descalificado! Es por eso que digo que la vida que vivió lo calificó para morir la muerte que murió.

Recuerde que en el Jardín del Edén, Adán y Eva eran perfectos. Eligieron pecar e introdujeron lo que yo llamo Sin-nesencia, el veneno del Pecado (mortalidad), en la humanidad.

Es por eso que Jesús no pudo haber nacido de la simiente de Adán. La simiente de Adán fue envenenada, y es a través de la simiente de Adán que el veneno es pasado. Sin embargo, Jesús tenía que ser todo hombre (o mortal). Es por eso que Dios escogió a un mortal llamado María. También tenía que ser todo Dios (¡el único ser que no solo es vida sino que podía ofrecer esa vida!) para redimir al hombre.

Si supieras cuánto tiempo me ha llevado escribir esto. Porque incluso mientras escribo esto, oro para que Dios me dé la sabiduría, y especialmente el don, para poder poner en papel lo que Él me ha dado en mi corazón. Y dejarme escribirlo de manera que cualquiera que lo lea no solo pueda entenderlo sino recibirlo, y así recibir vida.

Por favor, recuerde que la razón por la que pecamos es porque tenemos SYN corriendo a través de nuestros cuerpos mortales. Para nosotros, no es realmente una cuestión de pecados que cometemos, ¡sino más bien una cuestión de vida o muerte!

Si Jesús hubiera podido perdonar nuestros pecados y salvarnos, nunca habría tenido que morir.

Él estaba perdonando el pecado mientras estaba en la tierra (Lucas 7:44-48) Y se volvió a la mujer, y dijo a Simón: ¿Ves a esta mujer? Entré en tu casa, no me diste agua para mis pies; pero ella lavó mis pies con lágrimas y los secó con los cabellos de su cabeza. *45 No me diste beso; pero esta mujer desde el momento en que entré no ha cesado de besar mis pies. 46 Mi cabeza con aceite no la ungiste; pero esta mujer ungió mis pies* con ungüento. *⁴⁷ Por tanto, te digo: Sus pecados, que son muchos, te son perdonados; porque ella amó mucho; pero a quien poco se le perdona, el mismo ama poco. ⁴⁸ Y él le dijo: Tus pecados te son perdonados.*

Ahora, la pregunta que deberías hacerte es, entonces, ¿por qué tuvo que morir?

¿Por qué no declarar perdonados a todos los hijos de Adán e hijas de Eva? De nuevo, porque tiene que ver con la vida y la muerte.

El Padre había establecido un pago por el syn de Adán, y alguien tenía que pagarlo, ¡y el pago de ese syn era la muerte! (Romanos 6:23a) *Porque la paga del pecado es muerte.*

Y por eso, Romanos también nos dice: *Por tanto, como por un hombre entró el pecado en el mundo, y la muerte por el pecado; y así la muerte pasó sobre todos los hombres, porque todos pecaron:* (Romanos 5:12)

Dios dejó su gloria (Filipenses 2:6-12), *⁶ Quien, estando en forma de Dios, pensó que no era robo ser igual a Dios: ⁷ Pero se hizo sin reputación, y tomó sobre sí la forma de siervo, y fue hecho a semejanza de los hombres: ⁸ Y hallándose a la moda como hombre, Se humilló a sí mismo y se hizo obediente hasta la muerte, sí, la muerte de la cruz. ⁹ Por tanto, Dios también lo exaltó en gran medida, y le dio un nombre que está sobre todo nombre: ¹⁰ Para que en el nombre de Jesús se doble toda rodilla, de las cosas en el cielo, y las cosas en la tierra, y las cosas debajo de la tierra; ¹¹ Y que toda lengua confiese que Jesucristo es Señor, para gloria de Dios Padre. ¹² Por tanto, amados míos, como siempre habéis obedecido, no como en mi presencia solamente, sino ahora mucho más en mi ausencia, obre vuestra propia salvación con temor y temblor.*

¡Vino un hombre, caminó entre los hombres, fue tentado en todas las formas en que un hombre es tentado, pero no pecó! (Hebreos 4:15) *Porque no tenemos un sumo sacerdote que no pueda ser tocado con el sentimiento de nuestras enfermedades; sino que fuimos tentados en todos los puntos como nosotros, pero sin pecado.*

El Creador caminando alrededor de Su creación, vestido como uno de ellos, tomando su forma, era el único que tenía el poder de pagar el ramson que el Padre había exigido por la redención de Adán, y a través de esa redención, salvar al mundo entero.

Lo diré una vez más. Jesús fue el único que tenía una VIDA para dar.

Ahora, hablemos del bautismo.

Jesús va a su primo Juan para ser bautizado. Juan fue el último de los profetas del Antiguo Testamento, escogido por Dios mismo para ser el precursor y preparar el camino para el Cristo (Mateo 3:1-3) *¹ En aquellos días vino Juan el Bautista, predicando en el desierto de Judea, ² Y diciendo: Arrepentíos, porque el reino de los cielos se ha acercado. ³ Porque este es el que habló el profeta Esaías, diciendo: La voz de uno que clama en el desierto: Preparad el camino del Señor, enderezad sus sendas.*

En Mateo 3:11, *leemos que Juan estaba diciendo a los que estaba bautizando: Ciertamente los bautizo con agua para arrepentimiento. pero el que viene después de mí es más poderoso que yo, cuyos zapatos no soy digno de llevar: él te bautizará con el Espíritu Santo y con fuego.*

Para codificar esto por colores para ti, Juan estaba diciendo: *"Yo te bautizo en agua (azul), pero alguien más poderoso que yo te bautizará con Su Espíritu Santo en el (rojo).*

Y justo en medio del sermón de Juan sobre el arrepentimiento, Jesús aparece e insiste en ser bautizado. Naturalmente preguntaríamos: "¿Por qué? ¿Por qué es bautizado Jesús?" Acabamos de leer que Hebreos 4:15 señala que aunque fue tentado en todos los sentidos, *"estaba sin pecado".*

Entonces, ¿por qué fue bautizado? ¡Él fue bautizado por nuestro pecado! *Todos nosotros, como ovejas, nos hemos extraviado; hemos vuelto cada uno a su propio camino; y el SEÑOR ha puesto sobre él la iniquidad de todos nosotros.* (Isaías 53:6)

Jesús quería ser bautizado, pero Juan trató de convencerlo de que no lo hiciera. Él sabía que Jesús no necesitaba ser bautizado según el perdón de pecados. No tenía ninguno (Mateo 3:13-17) *¹³ Entonces vino Jesús de Galilea al Jordán a Juan, para ser bautizado por él. ¹⁴ Pero Juan lo perdonó, diciendo: ¿Tengo necesidad de ser bautizado por ti, y vienes a mí? ¹⁵ Respondiendo Jesús, le dijo: Que así sea ahora, porque así nos conviene cumplir toda justicia. Luego lo sufrió. ¹⁶ Y Jesús, cuando fue bautizado, subió directamente del agua, y he aquí, se le abrieron los cielos, y vio al Espíritu de Dios descender como paloma, y alumbrarse sobre él: ¹⁷ Y he aquí una voz del cielo, diciendo: Este es mi Hijo amado, en quien tengo complacencia.*

Es como si Jesús le estuviera mostrando a Juan, que Jesús necesitaba ser bautizado por Juan, para que más tarde pudiera identificarse con los hombres. ¡Pero viene un día en que bautizaré a los hombres para que los hombres se identifiquen conmigo!

(¡Acabo de gritar GLORIA!)

Me siento guiado a explicar el bautismo un poco mejor aquí, porque hay muchos conceptos erróneos, enseñanzas erróneas y doctrinas erróneas con respecto al bautismo.

De hecho, incluso hay sectas y denominaciones falsas que enseñan (falsamente) que no puedes ser salvo a menos que seas bautizado en agua. ¡NADA MÁS LEJOS DE LA REALIDAD!

Te remito a lo que Jesús le dijo al ladrón en la cruz. *Y Jesús le dijo: De cierto te digo: Hoy estarás conmigo en el paraíso.* (Lucas 23:43)

No sé ustedes, ¡pero no creo que ese hombre haya tenido la oportunidad de ser bautizado antes de morir!

Te remitiré a otro pasaje y luego lo dejaré así. Escuche atentamente lo que Pablo dice a los corintios en 1 Corintios 1:17. *Porque Cristo no me envió a bautizar, (énfasis mío) sino a predicar el evangelio: no con sabiduría de palabras, para que la cruz de Cristo no tuviera efecto.*

Aquí está el mayor ganador de almas en el planeta diciendo que Dios NO lo envió a bautizar. Ahora usted pensaría que si la salvación dependiera del bautismo en agua, TODOS los que Pablo guió a Cristo habrían sido bautizados.

Amado, el bautismo es una parodia. Es una expresión externa (azul) de una condición interna (roja). Una ilustración de lo que significa estar "en Cristo". Eres tu mostrando en forma visible, a tu familia y amigos, lo que te sucedió invisiblemente el día que recibiste a Cristo como tu Salvador. Ese día fuiste bautizado con Su Espíritu.

Cuando yo, como pastor, te pongo bajo el agua (es por eso que la aspersión no retrata esto con precisión), esa es una imagen de la muerte de Cristo. Cuando te sostengo durante veinte minutos (es broma) esa es una imagen de Su entierro. Cuando te saco del agua, esa es una imagen de Su resurrección.

En Colosenses 2:12, *leemos: Sepultos con él en el bautismo, en el cual también vosotros habéis resucitado con él por la fe de la operación de Dios, que lo ha resucitado de entre los muertos.*

La resurrección es la clave del poder de Cristo sobre el pecado en nuestras vidas. ¡La resurrección nos muestra que Jesús tiene poder sobre TANTO el pecado como sobre la muerte! Cuando somos levantados del agua durante el bautismo, es simbólico de ser resucitados así como Jesús resucitó de la tumba, en novedad de vida.

Ser colocado en Cristo cuando somos salvos es como ser colocado bajo el agua, completamente cubierto. No somos vistos excepto a través del agua, así como no somos vistos por Dios excepto a través de Cristo. No nos bautizamos para ser salvos. Nos bautizamos porque somos salvos.

El bautismo es como un anillo de bodas. Ambos simbolizan transacciones. Un anillo de bodas simboliza el matrimonio así como el bautismo simboliza la salvación.

Al igual que el anillo de bodas, el bautismo señala un cambio en su vida. Significa la diferencia entre el viejo tú y el nuevo tú. Dice: "Desde este día en adelante, estoy con Dios".

Sin embargo, usar un anillo de bodas no te hace casado más de lo que ser bautizado te hace salvo.

Jesús es bautizado en nuestra naturaleza para que podamos ser bautizados en la suya. El bautismo de Jesús lo identifica tanto con nuestra naturaleza pecaminosa que terminó llevándolo a la cruz.

Juan el Bautista tenía un mensaje: ustedes son pecadores que necesitan perdón.

Amados, aparte de Su entrega voluntaria, simbolizada por Su bautismo, todos los demás bautismos no tienen sentido. ¡Jesús ha tomado nuestro pecado y ha sido bautizado para nuestro perdón como una imagen de la obra terminada de la cruz!

Tenga en cuenta que tanto Dios el Padre como Dios el Espíritu estaban allí aprobando la obra de Jesús. Primero, el Espíritu Santo desciende sobre Jesús como una paloma. La paloma simboliza la pureza, la dulzura y la paz, todas las cuales están relacionadas con Jesús.

Pureza porque no fue por Sus propios pecados que Él fue bautizado. Mansedumbre *porque Él nunca rompería la caña magullada* (Isaías 42:3). Paz porque su ministerio trae paz entre Dios y el hombre.

¿Recuerdas cuando una paloma se le apareció a Noé cuando el arca salió del agua? Era una señal de la promesa de Dios cumplida en la liberación del diluvio de la ira de Dios. Entonces, la paloma aparece cuando Jesús sale del agua como una señal de la liberación de Dios.

Pero esta vez la paloma aparece no con una rama de olivo en la boca, sino con Jesús mismo en sus manos como prueba de la liberación de Dios a la que Noé apuntaba. ¡Así que ahora la paloma no simplemente lleva a una familia a tierra firme, sino que saca a todos los que confiesan con la boca y creen en sus corazones!

El Espíritu en forma de paloma ilumina visiblemente a Jesús, como diciendo: Aquí está el arca que trae la salvación al mundo.

Entonces se oye decir la voz de Dios Todopoderoso, Su Padre, para que todos puedan oír: *Y vino una voz del cielo, diciendo: Tú eres mi Hijo amado, en quien tengo complacencia.* Marcos 1:11.

Dios estaba en esencia diciéndole a Jesús; Me complace que estuvieras dispuesto a dejar Tu Gloria y someterte a Mi voluntad a pesar de que conducirá a la cruz. Me complace que estuvieras dispuesto a tomar sobre ti el pecado del mundo para que el mundo pueda ser salvo. Tú eres Mi Hijo amado; con ustedes estoy muy contento.

Por favor, comprenda que el bautismo de Jesús reprende nuestro pecado y nuestras autojustificaciones. Cuando el agua pasa sobre la cabeza de Jesús, es como si Dios nos estuviera diciendo hijos deAdán e hijas de Eva, que somos más malvados de lo que jamás te atreves a imaginar.

Seguimos midiéndonos contra una regla rota y nos alejamos sintiendo que estamos a la altura. Pero el estándar (la Ley) permanece intacto. No es realmente que violemos la ley, pero la ley nos viola a nosotros. Entonces Jesús entra en el agua. El que no conoció pecado es bautizado para perdón. El que estaba drogado es humillado. El que creó la ley es juzgado por ella.

Yo, Conrado, miserable hombre que soy, debo confesar que ni siquiera puedo comenzar a entender todos mis pecados, y mucho menos confesarlos. Debo arrepentirme, pero parece que no puedo. La profundidad de la maldad de mi corazón y mis deseos son demasiado profundos para que yo o cualquier mortal los alcancemos. Debo ser bautizado, pero la inmundicia de mi pecado sólo serviría para ensuciar el agua. No me hará ningún bien. No sobreviviría el tiempo que necesitaría pasar bajo el agua para limpiar mi cuerpo, y mucho menos mi alma.

Jesús nos dice a mí y a ti: "Seré bautizado en tu lugar. Me identificaré con tus pecados". Y ese iba a ser el principio del fin para Jesús, que culminaría en la cruz cuando Él pagó por el syn de Adán y los pecados del mundo.

El que no conoció pecado. Bueno, dejaré que el hermano Pablo te diga él mismo: Porque él lo ha hecho pecado por nosotros, que no conocíamos pecado; para que seamos hechos justicia de Dios en él. (2 Corintios 5:21)

Entonces, inmediatamente, el Espíritu conduce a Jesús al desierto. ¿Por qué? Porque simplemente no fue suficiente que el último Adán muriera por nosotros. Primero tenía que vivir para nosotros. ¡Es por eso que dije antes que la vida que Él vivió lo calificó para morir la muerte que murió!

Jesús vivió esa vida perfecta y mostró perfecta obediencia al ser tentado en todos los sentidos, pero sin pecado. El primer Adán, en el paraíso, tuvo todas las oportunidades para tener éxito. Sin embargo, se rebeló y cayó del paraíso. El segundo Adán, en el desierto, el desierto, tuvo todas las oportunidades para fracasar. Sin embargo, se sometió a Dios y ganó justicia.

1 Corintios 10:13 dice: *No os ha llevado ninguna tentación, sino a los que son comunes al hombre: pero es fiel Dios, que no permitirá que seáis tentados más allá de lo que podáis; sino que con la tentación también abriréis camino para escapar, para que podáis soportarla.*

Estamos unidos al primer Adán por nacimiento, y en su caída, somos condenados. Pero vino un nuevo Adán. Podemos estar unidos a Él también, y eso también por nacimiento. No nacido de una mujer, sino "nacido de nuevo", este tiempo de Su Espíritu.

Por nacimiento azul estamos unidos a Adán, por nacimiento rojo estamos unidos a Jesús. No por el bautismo en agua, sino solo por fe.

Capítulo XV

El Rapto

Al principio de este libro, mencioné el Rapto. Para ser honesto con usted, no tenía intención de exponer sobre ese tema en este libro. Pero ya que lo mencioné, permítanme decir algunas palabras sobre el tema.

En 1 Tesalonicenses 4:13-18, Pablo nos dice que no seamos ignorantes con respecto a nuestros hermanos y hermanas que han fallecido.

13 Pero no quiero que ignoréis, hermanos, acerca de los que están dormidos, para que no os entristezcáis, como otros que no tienen esperanza. *14 Porque si creemos que Jesús murió y resucitó, así también los que duermen en Jesús Dios traerá consigo. 15 Por esto os decimos por la palabra del Señor, que nosotros, los que estamos vivos y permanecemos hasta la venida del Señor, no impediremos a los que están dormidos. 16 Porque el Señor mismo descenderá del cielo con un grito, con la voz del arcángel y con la trompeta de Dios, y los muertos en Cristo resucitarán primero: 17 Entonces nosotros, los que estamos vivos y permanecemos, seremos arrebatados junto con ellos en las nubes, para encontrarnos con el Señor en el aire: y así estaremos siempre con el Señor. 18 Por tanto, consuélense unos a otros con estas palabras.*

Pablo está hablando de aquellos que han muerto habiendo recibido a Cristo como Salvador. Él usa las palabras "dormido". En otras palabras, cerramos nuestros ojos aquí, y los abrimos en la presencia de Dios (2 Corintios 5: 8) *Estamos confiados, digo, y dispuestos más bien a estar ausentes del cuerpo y estar presentes con el Señor.*

1 Tesalonicenses 4:13-18 continúa hablándonos del Rapto.

Se nos enseña en la Palabra a esperarlo en cualquier momento, incluso hoy. Nos corresponde estar listos para el día en que la Iglesia será arrebatada.

Usted se sorprendería de cuántos predicadores hoy en día no creen en una segunda venida literal de Cristo. Un día, y creo que ese día no está muy lejos, Cristo vendrá en el aire. Cuando Él venga, los muertos en Cristo resucitarán, entonces los cristianos vivientes serán arrebatados para encontrarse con Él en el aire.

Esto sucederá tan rápido que la Biblia lo llama un abrir y cerrar de ojos. Este versículo nos dice que nuestros cuerpos viles serán cambiados y formados como Su cuerpo glorioso - PÚRPURA.

Aquí vamos de nuevo. Permítanme explicar mi uso del color púrpura. Ya conoces el azul y el rojo, el azul hablando de la carne, el rojo hablando del espíritu.

Cuando Jesús caminó sobre la tierra, Él era 100% rojo (Dios) y 100% azul (hombre). Era un hombre lleno de rojo caminando entre gente azul vacía. Él fue el único hombre lleno de rojo que alguna vez caminó sobre la tierra desde Adán.

Cuando murió, enterraron su cuerpo azul en la tumba de José de Arimatea. Él entregó Su Espíritu rojo a Su Padre: *"En tus manos encomiendo mi espíritu".* (Lucas 23:46)

Cuando resucitó, no era solo un espíritu rojo dentro y limitado por un cuerpo azul mortal. Era una aleación de Divinidad y Humanidad, una mezcla del cuerpo y el espíritu.

Ahora, cuando tomas rojo y lo mezclas con azul, ¿qué color obtienes? ¡Exactamente, púrpura! Qué mejor imagen del cuerpo glorificado de Cristo después de Su resurrección que el color púrpura real.

Ahora, volvamos al Rapto.

Pablo llamó al Rapto de la Iglesia una Esperanza Bendita. Quiero que entiendan que Jesús literalmente se está preparando para regresar por Su Iglesia. La gran esperanza de la Iglesia es que Cristo venga y nos arrebatará al cielo antes de que intervenga la muerte.

Sin embargo, si la muerte viene primero, en el Rapto seremos resucitados y se nos darán cuerpos glorificados como Jesús el día en que resucitó.

Hay dos venidas futuras de Jesús mencionadas en la Biblia. La primera venida será encontrarse con los santos en el aire. El próximo será con los santos para gobernar sobre la tierra.

Uno se llama el "Rapto" y el otro se llama el "Retorno". Su primera venida en el aire es para atrapar a los santos en el Cielo. Siete años después, Él regresará con los santos para establecer Su gobierno milenario sobre esta tierra.

En el versículo 16, Pablo inicia una discusión sobre lo que llamamos el Rapto. *Porque el Señor mismo descenderá del cielo con un grito, con la voz de un arcángel y con la trompeta de Dios. Y los muertos en Cristo resucitarán primero.*

Ahora, la palabra 'Rapto' no se encuentra en la Biblia. La palabra Rapto no está allí, pero la palabra 'perusia' sí, que significa 'literalmente arrebatar', 'alcanzar', 'bajar y eliminar con fuerza' a aquellos que están listos para encontrarse con el Señor en el aire.

Pablo quería que la gente en Tesalónica se diera cuenta de que Jesús mismo regresaría, no otra persona.

Sería el mismo Jesús que caminó a lo largo de las costas de Galilea. Hechos 1:11 registra: *"Este mismo Jesús, que es tomado de vosotros al cielo, vendrá de la misma manera que le habéis visto ir al cielo".*

¿Has notado que cada vez que Jesús grita una resurrección tiene lugar? ¿Recuerdas cuando gritó: "¡Lázaro, sal!" De repente salió su amigo Lázaro, que había estado muerto durante cuatro días, (Juan 11:43-44) *[43] Y cuando hubo hablado así, clamó a gran voz: Lázaro, sal. [44] Y salió el que estaba muerto, atado de pies y manos con ropa de tumba, y su rostro estaba atado con una servilleta. Jesús les dijo: Suelta y déjalo ir.*

Por favor, comprenda que si Jesús hubiera dicho: "¡Salgan!" y no hubiera llamado a Lázaro por su nombre, ¡toda cosa muerta dentro del sonido de Su voz habría salido!

La siguiente vez que Jesús gritó fue en el Monte Calvario. Mateo 27:50-53 nos dice que después de que Jesús estuvo en la cruz durante seis horas, gritó: "Consumado es". Y se abrieron las tumbas de muchos que habían fallecido, y se les vio caminando alrededor de Jerusalén en sus cuerpos resucitados. En ese instante, muchos cuerpos de santos salieron de sus tumbas y regresaron vivos a Jerusalén.

[50] Jesús, cuando hubo llorado de nuevo a gran voz, entregó el fantasma. [51] Y he aquí, el velo del templo se rasgó en dos de arriba abajo; y la tierra tembló, y las rocas se rasgaron; [52] Y se abrieron los sepulcros; y se levantaron muchos cuerpos de los santos que dormían, [53] Y salieron de los sepulcros después de su resurrección, y entraron en la ciudad santa, y se aparecieron a muchos.

Cuando Jesús regrese en el aire para atrapar a todos los creyentes, no habrá solo una persona como Lázaro o incluso cientos, como cuando gritó desde la cruz, sino millones de todas las naciones, tribus y lenguas que han muerto en Cristo y que están vivos cuando Él venga.

Después del Rapto de la Iglesia, Dios tomará con Israel donde lo dejó hace casi 2.000 años.

Amados, podría suceder en cualquier momento. Señalará un tiempo de maldad como el que ni siquiera podemos comenzar a imaginar. *Porque entonces habrá gran tribulación, como no hubo desde el principio del mundo hasta este tiempo, ni la habrá jamás.* (Mateo 24:21)

Satanás no tiene un reinado libre ahora, pero lo tendrá entonces. Una vez que la Iglesia sea quitada y los santos sean arrebatados o resucitados, habrá siete años de terror, pestilencia, hambre y destrucción mientras las fuerzas del mal luchan contra la nación de Israel.

Señalará el gobierno del Anticristo, la idolatría, el humanismo, la persecución, la adoración del hombre, el engaño, la muerte y la destrucción. Será el momento más terrible de la historia del hombre, porque la Iglesia se habrá ido.

Necesitas estar preparado ahora para la venida de Jesucristo.

¿Estás preparado si Jesús regresa hoy?

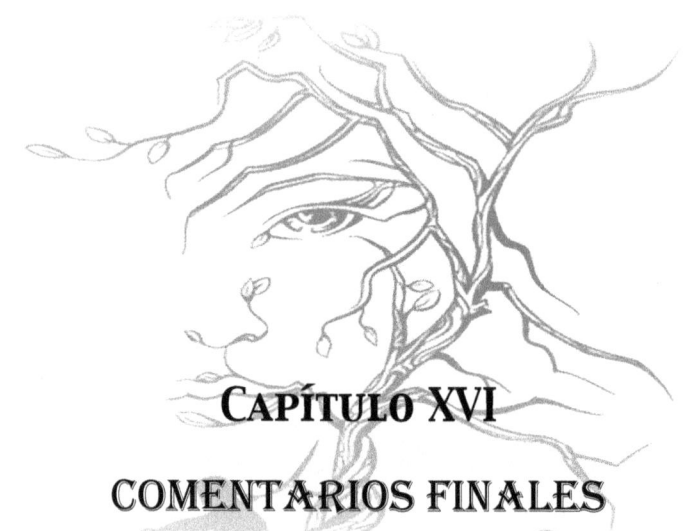

Capítulo XVI

Comentarios Finales

Primero, quiero agradecerles por honrarme y leer este libro. Rezo para que no solo seas informado, sino bendecido. Espero que lo hayan disfrutado lo suficiente como para contárselo a otros, especialmente a cualquier ser querido o amigo que no conozca al Señor. Por favor, manténganme a mí y a mi familia en sus oraciones.

Déjame dejarte con esta bendición...

El SEÑOR los bendiga y los guarde; El SEÑOR haga resplandecer Su rostro sobre vosotros, y sea misericordioso con vosotros; El SEÑOR levante su rostro sobre vosotros y os dé paz. (Números 6:24-26)

¡Y eso es todo lo que tengo que decir al respecto!

www.ingramcontent.com/pod-product-compliance
Lightning Source LLC
Chambersburg PA
CBHW051322120626
46547CB00015B/2346